素人手記

快感一期一会

～再びは会えないあの人との
忘れられない絶頂エクスタシーを
告白します！

竹書房文庫

第一章

出逢いと別れのエクスタシー

第二章

出逢いと別れのオーガズム

第三章 出逢いと別れのセクシャリティ

第四章

出逢いと別れのディープラブ

第一章

出逢いと別れのエクスタシー

■お互いに対する欲望は頂点に達し、もう最後の肉の交わりを渇望するばかり……

互いに子供をつくる重圧から逃れて…ピュアラブ不倫

投稿者 柳田美沙（仮名）／29歳／専業主婦

私が彼、圭さんに出会ったのは、今から半年前。

私と夫の仲が最悪の頃でした。

私は今、結婚四年目なのですが、当初から早く子供を欲しがる夫の気持ちとは裏腹に、なかなか新しい命を授かることができませんでした。姑からもことあるごとに、

「うちの祐介（夫の名です）には問題なんかあるはずないから……美沙さん、あなた何か妊娠しづらい要因でも抱えてるんじゃないの？　一度病院で診てもらったら？」

などと言って責められる始末で……実際に病院を受診しましたが、私の妊娠機能にはなんの問題もありませんでした。そのことを伝えても、

「あらそう。じゃあ一体何が悪いのかしらねえ？」

と言って姑は、自分の息子の体のほうに何か不妊の原因が、などとは露ほども考えないようで、相変わらず私に冷たく当たるばかりでした。

そのうち夫は私との性行為を求めないようになり、さらに週に何度も無断外泊をするようになりました。ところが、

「美沙さんがそんなだから、雄介も家に帰りたくないのよ。かわいそうに……」

姑は平然とそう言い放ち、私は跡取りを産めないできそこないの嫁として完全に孤立し、砂を嚙むようなつらい日々を送っていたのでした。

そんなとき、マンションの隣りの部屋に越してきたのが、圭さんとその奥さんでした。うちも圭さんのところも間取りは3DKですが、いずれすぐに子供ができて家族が増えてもいいようにと、最初から夫婦二人で入居することは珍しくありません。聞けば、圭さんは二十六歳で奥さんは二十四歳とかなり若く、私はてっきり新婚さんだとばかり思っていたのです。

ところがある日、それが私の単なる思い込みだということが判明しました。

私と圭さんは、向こうが引っ越しの挨拶に来た初対面のときから、お互いになんとなく波長が合ったというか、ビビッとくるものがあって……それぞれのパートナーには内緒でLINEを交換し、やりとりをするようになったのですが、そこで私は、圭さん夫婦がうちとは真逆に、奥さんのほうが早く子供が欲しくてたまらず、妊娠の確度を上げるための厳密な排卵日の計算はもとより、少しでも圭さんの精力が高まるよ

うにとギンギンにスタミナ過剰な食事を日々用意しと、ある意味、夫の圭さんのほうが追い詰められているような状況だったのです。

『俺は子供をつくるための道具じゃないぞ！　って言ってやりたいくらいです』

そう、圭さんからのＬＩＮＥには書かれていました。

そんな、お互いに子供をもうけることのプレッシャーに押しつぶされそうになっている二人がシンパシーを感じ、心を通わせ合い接近していくのに、さして時間は必要ありませんでした。

そうしてある日、圭さんからこんなＬＩＮＥが来たのです。

『美沙さんと二人きりで会いたいです』

『はい、わたしも』

即レスしました。

スマホの画面をタップし終えた自分の指が、興奮に震えているのがわかりました。

それから一週間後、圭さんは奥さんには内緒で有休をとって会社を休み、私と彼はお昼少し前、誰か知人に見られるリスクを避けるために、わざわざ三駅離れた地のホテルで密会を実行したのでした。

ホテルの部屋に入り、入口ドアを後ろ手に閉めるや否や、圭さんは私にキスしてきました。きつく体を抱きしめながら激しく唇を吸い、ジュルジュルと淫猥な音を立てて舌をからめ唾液を啜ってきて……。

「……んあっ、はぁっ……んぐふぅ、ふっ……うう……」

脳天が痺れるような熱い陶酔感に包まれながら私が喘ぐと、彼はスカートの上から片手で私の尻肉を鷲摑み、もう片手で服の上から荒々しく乳房を揉みしだきながら、より一層激しく唇をむさぼりつつ言いました。

「ああ、美沙さん、美沙さん……っ！　好きだ、愛してるよっ！」

「んはっ……あ、ああ……わ、私もっ！　圭さん、好きっ……！」

私もそう返し、自分からも彼の唇をむさぼり、無我夢中で舌をからめました。

そうやって顔から首筋にかけて、お互いに滴り垂れ流した唾液でグチャグチャに濡らしながら、私たちは鼻息も荒く双方の服を脱がし合っていきました。

そして、

「ああっ！　……美沙さんのオッパイ！　なんてきれいで……エロいんだっ！」

服の下からとっておきの黒のブラジャーが露わになると、私の色白の胸の膨らみとの鮮やかなコントラストに感極まったかのように、圭さんは叫びました。

そのまましばらくは黒いブラごと乳房を激しく揉み立て、そこからはみ出た膨らみと胸の谷間を舐めしゃぶっていた圭さんでしたが、とうとうもうガマンできないとばかりにブラを剝ぎ取ると、直に乳首を中心に乳房全体をむさぼり吸ってきました。

「あはっ、ああっ……圭さん、ああ、あ……か、かんじるぅ……」

私は高まる快感に陶然としつつ、こちらも負けるものかとばかりに彼の股間に手をやり、ズボンのジッパーを下げると前開きのボクサーパンツをこじ開けて、既にギンギンに固く大きくなった肉棒を引っ張り出していました。そして、その片手で握りきれないほどに太い昂りを必死でしごき立てて……。

彼の先走り液でヌラヌラと濡れまみれたそれは、私の手淫にニチュニチュと責め立てられ、その竿の表面に今にもブチ切れんばかりに太い血管を浮き上がらせながら、ますます膨張していくようでした。

「ああっ……み、美沙さん……っ！」

圭さんはうめくようにそう言うと、私の体を抱きかかえてベッドへと運び、ドスンと乱暴に放り投げました。もちろん、フカフカの柔らかいマットレスゆえに私の体に痛みなどはなく、それどころか逆に、私の興奮は一気にエスカレートしました。

「ああん、圭さん、オチン〇ン、しゃぶらせてえっ！」

私はそう叫ぶと、その返事を待つことなく、服を脱いで全裸になってベッドに上がってきた彼の股間にむしゃぶりつくや、肉棒に喰らいついていました。真っ赤になって大きく張った亀頭をねぶり回し、ズッポリと咥え込んで激しく吸い上げて……！

「……くっ、うう……あ、ああ……み、美沙さん！　お、俺も！」

圭さんはそう言うと、私をベッドに押し倒してシックスナインの体勢になり、スカートとストッキング、そしてパンティを脱がして私を全裸の姿に剝きました。そしてとっくにグチュグチュに濡れ乱れた私の淫らな花弁に舌を突っ込み、深く激しく掻き回してきてっ……！

「あっ、ああ……んあっ、はぁっ……圭さんっ！　んぶっ……！」

その快感に喘ぎながら私もフェラを続け、しばらくそうやってお互いに愛撫し合っていましたが、とうとうその段階も限界を迎えました。

私と圭さん、二人のお互いに対する欲望は頂点に達し、もう最後の肉の交わりを渇望するばかりでした。

「ああ、入れて、圭さん……私の奥の奥までっ……！」

「うう……入れるよっ、美沙さんっ！　んぐっ……ふうっ！」

圭さんの力む声が聞こえたかと思うと、続いて太く固く、熱い肉感がヌプリと私の股間の柔肉を刺し貫いてきて……っ！

「あっ、あひぃ！　す、すごいぃ……圭さんのが私の中に……私の奥の奥まで入ってきてるぅっ！　んあっ、ああ……いいっ！　感じるぅ……！」

「ん、んおおっ……み、美沙さんの中、トロトロに熱くとろけて俺のにからみついてくるぅ……くはっ！　ああっ！」

そのまま狂ったように私たちはお互いをむさぼり合い、味わい合い、イキ果て合って……気がつくと、圭さんは三発射精し、私はその間に六、七回も絶頂に達していて……それはもう最高の二人の時間でした。

誰からも子供をつくるプレッシャーを与えられず、ただひたすら欲望のままにお互いを求め合う純度百パーセントのセックス……ああ、当たり前だけどすばらしいこの快感と感動、一体どれほどぶりでしょう？

お互いの苦悩を知る私と圭さんの間柄だからこそ、この大切な関係を当分やめられそうにありません。

■私は濡れしたたった肉ビラの一枚一枚を彼の肉棒にフィットさせていって……

恋に破れたイケメン彼の無念の精の放出を受け止めて

投稿者　美里詩織（仮名）／21歳／アルバイト

私、まああいいお嬢様系の短大を出たはいいものの、そのあとの就活にはことごとく失敗して、今は街の花屋でアルバイトしてる。

元々、特段花が好きってわけでもなかったんだけど、ほら、花屋って、なんとなくその辺のコンビニとかで働いてるよりも、清楚で育ちがよさそうに見えない？　えへへ、私、そんな偏見と勝手な思い込みがあって、そのうち素敵なメンズに誘われたりしないかなー、なんてドリームを胸に抱いてここに勤めたわけ。

そしたら、最初の半年ほどはそんな都合のいい話、これっぽっちもなかったんだけど、ついにこの春、あっちゃったんだなー、これが。

その男性客がやって来たのは、ある日曜のお昼少し前のこと。

身長はゆうに一八〇センチを超え、顔はキリッとしてて俳優の桐谷○太似のイケメンで、その上ビシッと如何にも高級そうなスーツで決めてるもんだから、そりゃもうメチャクチャかっこよくて……私のみならず、そのとき店内にいた他の女性客も皆、ハッとして彼のこと見つめちゃったくらい。

で、その注文を聞くと、どうやら今日これから、本命の彼女の誕生祝いを兼ねたデートだということで、けっこう本気のプロポーズをしたいから、それに相応しい花束をこしらえてほしいと。

もう、私のみならず、それを聞いた店内の他の女性客皆の「どこのどいつよー、そんなうらやましい女はーっ⁉ 私と代われーっ！」っていう、嫉妬と羨望に満ちた心の叫びが聞こえてくるよう（笑）。

ま、でもそこは私、一応プロなんで、私情を捨て、心を込めてオーダーに応えさせていただきましたとも。お相手の彼女の雰囲気や服の趣味、人柄なんかを彼から聞き、それらの情報と自分なりのイメージでもって花を選び、まとめ上げて……一万円という予算の中で、我ながら目いっぱい素敵で豪華な花束ができたんじゃないかな。

「うわー、これでほんとに一万円？　最高に素晴らしい花束だよ。ありがとう！」

彼も大層喜んでくれて、私としても女ごころとしてはちょっと複雑だけど、花屋としてのプロ意識は十分満足できたかんじ。

「ありがとうございましたー！　彼女さんによろしくーっ」

私はそう言って、彼を送り出したというわけ。

ところがその日の夜、思わぬ展開が私を待ち受けてた！

閉店時間の夜八時を迎え、私が店じまい作業にかかっていると、なんとそこに昼間の例の彼が現れたの。しかも手には、とっくに彼女に渡したはずの、あの私が作った花束を持って……。

「え……？　い、いらっしゃいま……」

「あはは、フラれちゃったよ……ごめんね、せっかくきみが作ってくれた、こんな素敵な花束をムダにしちゃって……」

既に店長は仕事を上がっていて店には私しかおらず、その気安さもあってか、彼の私に接する態度はびっくりするほどストレートで、私が、

「そうなんですか……それは残念でしたね。でも、そう気を落とさず……」

という慰めの言葉のすべてを言い終わらないうちに、

「ねえ、きみ、俺のことかわいそうに思うんだったら、このあとつきあってよ！」

って誘ってきて……そうきたら私だって、断る理由もなく、

「はいっ、オッケーです！　何でもおつきあいしますよ！」

と、朗らかに答えちゃってた。

そしてそのあと、店のシャッターを閉めて施錠した私は、彼に連れていかれるままに飲みに行き……い～い雰囲気で盛り上がってきたところで、二人ホテルへGO！

ところが、ここまできといて彼ったら、

「ねえ、ほんとにいいの？　ここまでつきあってもらっちゃって……」

とか言いだすもんだから、私ははっきりとこう答えてあげる。

「もっちろん！　最初に見たときから、こうなったらいいなーって思ってた。彼女にフラれた腹いせでもいいよ。こういうのも一つの出会いには違いないもの」

そしてシャワーを浴びてサッパリとした私たちは、濡れた体を十分に拭く間も惜しんで、もつれ合うようにして大きなベッドに倒れ込んだわ。

彼、スーツ姿はもちろんかっこよかったけど、脱いだらもっと……！

細身だけどしっかりと筋肉がついた、いわゆる細マッチョで、こんなの大抵の女子が好きな奴でっせー！　し・か・も！　股間にぶら下がったアレがまた……！

こっちは細身の体とは真逆に極太の逸品だから、もうたまんなーい！

「こ、こんな大きいの、私の中に入るかなあ……？」

って一応、ブリッ子モードで言ってみたら、

「大丈夫、やさしくするからさ。きみだって、花屋の制服がゆったりしてたから、よ

くわからなかったけど、脱いだらスゴイじゃん？　このおっきな胸、たまんないよ」

えへへ、八十五のFカップ。はっきり言って自慢。でも、これまでまだ二人の男にしか揉ませてないフレッシュ豊乳よ。

仰向けに寝た私の上に彼が覆いかぶさり、そのフレッシュ豊乳を揉みしだきながら乳首を吸ってきた。チュウチュウ、レロレロ、チュパチュパ……ビンと突き立ったピンク色の乳首を中心にジワジワと快感が広がっていって、私は思わず背をのけ反らせて喘いじゃう。

「あっ、あ……んあっ、ふぅ……あふ～ん……！」

「ああ、とってもかわいくて……セクシーだよ……」

そんなピロートークを繰り出す彼の口調も、高まる興奮のあまりか、見る見る上ずっていき、ふと気づくと私のお腹に触れてるアレが怖いくらいに固く大きく、そして燃えるように熱くいきり立ってた。

「う、うう……た、たまんない……もう入れていいかい？」

呻くように訊く彼に、私は「うん」と答える。

すると彼は、枕元に置いた財布からコンドームの袋を取り出すと、ガチガチに膨張したソレに苦労しながら装着して。

「じゃあ……入れるよ……！」

ググッと入ってきた。

最初、『きつっ！』って思ったけど、彼はそれからゆっくりと、やさしく抜き差ししてくれて……私はさしたる痛みも感じないまま中をほぐされ、濡れしたたって、肉ビラの一枚一枚を彼の肉棒にフィットさせてった。

その具合を察した彼が、いよいよピストン運動を本格化させてきた。

「んあ～～っ……あっ、あ、ああっ！　す、すごい……奥まで当たってる～～～！」

「はぁはぁはぁはぁ……いいよ……こっちもすごく気持ちいい……あぁぁ……」

私たちは完全に一体になって……動物みたいに激しく求め合った。

そして数分後、私はこれ以上ないほどの絶頂に昇り詰め、彼もコンドームの中にたっぷりと精子を吐き出してた。

それから彼は、例の花束を私にくれて、去ってった。

え、ひょっとしてこれって、私へのプロポーズのつもり？

ま、先のことはまだまだわかんないけどね！

■彼はまだ濡れ残っている私のアソコを太い指で、ぐちゅ、ぬちゅ、といじくって……

妹の婚約者の心の妻として運命の性愛の絆を結んだ私

投稿者　黒川麻耶（仮名）／32歳／教師

私は公立中学で英語を教えている教師です。

教師生活も今年で十年目を迎えようとしていますが、早くに結婚する女性教諭が多い中、未だに独身。同僚の間では「オールドミスのお局教師」と陰口を叩かれていることも知っていますが、これまで縁に恵まれなかったもの、しょうがありません。

ただ、私の場合、そのもっとも大きな理由が『性の不一致』ということで、結婚相手に求める条件としてあまり大きな声では言えないのが困ったもの……そう、これまでつきあったどの男性とも満足のゆくセックスを味わえたことがなく、すっかり嫌気がさした挙句、結婚に対する積極性を失くしてしまったんです。

あ～あ、見た目とか、学歴・経歴とか、資産とか……一目でわかりやすい条件だったら、こんなにカンタンなことはないんだけど、裸で交わってみなくちゃわからないセックスの相性が元凶となると、ほんとめんどくさいったらありゃしない。もうこの際、一生独身でかまわないわ！

そんなふうに完全に開き直ってしまったというわけです。

ところがそんなあるとき、一人の男性との出逢いが、私の人生を大きく変えてしまったんです。

時はちょうど半年ほど前。

それまでそんな素振りなどこれっぽっちも見せたことのなかった妹の美奈（二十七歳）が、いきなり結婚したい相手がいると言い、家に連れてくることになったんです。

うちは両親と私と妹との四人家族でしたが、そりゃもう皆大騒ぎ！

「お姉ちゃんがまだだっていうのに、ほんと申し訳ないけど、大好きなカレなの！　もう指輪もくれてプロポーズしてもらったんだ」

そう、いき遅れの私に気遣いしながら言う妹でしたが、六十近い両親としてはこの際、世間体として、姉妹のうち一人でも早く片付いてくれるのに越したことはありません。私としても表面的には「よかったじゃない！　おめでとう！」と言って祝福しないわけにはいきません。家族として、喜んでそのカレの来訪を待ち受けることになったんです。

そして翌週の日曜日のお昼少し前。

妹の美奈がカレ、大西翔平さん（仮名／三十歳）をわが家に伴って来ました。

私は彼を見た瞬間、全身に電流が走るような震撼を覚えました。

翔平さんは決してイケメンというわけでも、体格が特別いいわけでもなく、至って普通の真面目そうな男性だったのですが、全身から醸し出す雰囲気が言いようのないフェロモンを感じさせて……私に対する強烈なセックスアピールとなって心臓のど真ん中を撃ち抜いてきたんです。

リビングで皆で彼を囲んで、ビールを酌み交わしつつのランチ会食をとりながら色々な話しをする中、彼が時折私のほうに向ける視線や言葉が、ことごとく心地よく淫らな波動となってカラダの奥底を震わせてきて……下着の下で乳首はジンジンと痺れ張り詰め、アソコはジワジワと熱い汁を湧き出させながらとろけていって。

それまで出会ったどの男性からも、そのような強烈なインフルエンスを感じたことはありませんでした。それはもう衝撃的な体験だったといっていいでしょう。

その後は、私はどんな話を振られてもまともに受け答えできず、顔はうつむき気味になり……カラダの中でどんどん高まっていく性感と欲望に煽られ、もう心ここにあらず状態。

とそのとき、全身がじっとりと汗ばんでいくのがわかりました。翔平さんの顔に浮かんだ、

『おやおや、すごい昂り方ですね……そんなに僕に欲情しちゃいました？　もう僕とヤリたくてヤリたくて仕方ないんですね？　淫乱なお義姉さんだなあ』

という、全部お見通しだよと言わんばかりの表情が、ただの私の自意識過剰ゆえの思い過ごしだったのか、どうか……。

「ごめんなさい、ちょっとトイレに」

私は、密かに火照り疼くカラダを持て余しつつ、とにかく一旦コレを鎮めなきゃと席を立ってトイレへと向かいました。そして中からロックして便座に腰かけるや否や、スカートをめくり上げ、パンストを足首まで一気にずり下ろしてアソコを露わにすると、指先ですっかり濡れ乱れた肉ひだを掻き回し始めました。

ぐちゅ、ぬちゅ、ぴちょ、じゅぶ、にゅじゅぶ……とんでもなく汁だくなあまり発せられるそのあられもない淫音が、まさかそんなはずはないのにリビングの皆に聞こえちゃうんじゃないかという愚かな恐怖心にとらわれながら……でもそれが余計に心身を昂らせ、自慰の快感が激しく高まってしまう。

「……んあっ、は、あん……うっ、ふぅ……んうっ……」

そして、精いっぱい声をひそめながら女の中心に指を抜き差しさせ、今まさに達しようとした、そのときでした。ドアにノックの音がしたのは。

「お義姉さん、もうけっこう長くこもってますけど、大丈夫ですか？」

そして聞こえてきたのは、なんと翔平さんの声でした。

私は一気に素に戻り、慌てて答えました。

「あ、はい……大丈夫です！　今すぐ出ますね」

そしてとりあえず水を流し、パンストを引きずり上げてスカートを整え、ロックを外しドアを開けて出ようとすると……それを押し戻すように翔平さんが狭い個室の中になだれ込んで来ました。そして再びロックしつつ、驚いて声をあげようとする私の口を手のひらでふさぎながら、囁くように言いました。

「お義姉さんの考えてること、感じてること、全部お見通しですよ。僕が欲しくて仕方ないんでしょ？　仕方なくて、たまらず自分で慰めて昂りを鎮めようとしたんでしょ？　うふふ、どうしようもないインランだなあ」

やはり私の思い過ごしなどではなく、彼は見抜いていたんです。

私のどうしようもない欲望の高まりを。

そして、声を出せないため、目で必死で思いとどまらせようとする私の訴えを無視し、スカートをめくり上げてパンストの中に手を突っ込むと、まだ濡れ残っているアソコを太い指で、ぐちゅ、ぬちゅ、といじくってきました。

「ほおら、案の定、すごいとろけ方だ。指が一本、二本……三本も易々と入っちゃった。ほらほら、遠慮なくイっていいんですよ？　ほらほらほらっ！」

ほんのちょっと離れた居間で両親と妹が談笑してるっていうのに、その妹の婚約者にトイレの中でアソコをいじくられてるなんて……私、いったい何なの⁉

そんな自己嫌悪のような感覚に襲われながら、それでも昂る一方の快感は止まらず、

「んあっ、あ……ハッ……ああっ！」

私はとうとう翔平さんの指ではしたなく達してしまいました。

「うふふ、今度、二人だけで会いましょうね」

彼はそう捨てゼリフを残すと何事もなかったかのように出て行き、ごく自然に皆の談笑の輪へと戻っていきました。

私はオーガズムの余韻に浸りつつ、しばし陶然として……そのときにはすでに完全に翔平さんの虜になってしまっていたんです。

それから密かに彼と連絡をとり合い、初めて二人きりの逢瀬を持ったのは十日後のことでした。

家の最寄り駅から三駅離れた町の場末のラブホテルの一室。

ドアを開けて中に入り施錠するや否や、私は翔平さんにキスし、激しく唇をむさぼ

り、舌をからませ吸い啜っていました。そして彼のスーツの上着を脱がせ、ネクタイを外すとYシャツの前を引きちぎるようにはだけ、さんざん乳首やお腹を舐め回したあと、今度はズボンのベルトを抜き下着ごとずり下ろし、すでにみなぎり隆々と天を突いているペニスにむしゃぶりつきました。そうしながら、私のアソコはあっという間に濡れしたたっていました。

「はぁはぁはぁ……もうガマンできないの！　はやくオチン○ン、入れてぇっ！」

私のあられもない懇願に応え、翔平さんは私の下半身を裸に剝くと、壁を背に片脚を抱え上げ、立ったまま下からペニスを突き入れ、ズンズンと突き上げてきました。

「ああっ、あん、いいっ……あはぁ、あう……イク、イッちゃう〜〜〜っ！」

なんと私は、挿入後わずか一分で達してしまいました。こんなの初めてのことです。

私は彼が、ようやく出会えた運命の相手であることを確信しました。

彼は私にとって義弟となり、この先結婚することは叶わないけど、心は妻として、肉体だけで密かにずっと連れ添っていきたいと思っているのです。

■私がパンティを脱いでとろけたアソコをあらわにすると、Tくんも下半身を……

浮気したカレシへの腹いせに行きずり6Pしちゃった私

投稿者 五月美憂（仮名）／24歳／ショップ店員

その日、私はカレシの亮の浮気の事実を知り、もう大ショックで落ち込んでいました。どうやら相手の子に一方的に猛アタックされ、そのあまりの勢いに負けて仕方なく「一回だけ」という約束でエッチしちゃったらしいのですが……一回も百回も関係あるかー！　ヤッちゃった事実に変わりはないわけで、私はそう簡単に彼を許すことはできませんでした。

で、そんな悲しみ怒る私を慰め元気づけようと、ショップの同僚の二人が飲みに連れていってくれたんです。

彼女たちはフムフムと私の言い分を聞き、

「うんうん、美憂はゼッタイ悪くないよ！」

「そうそう、亮くん、そのうちきっとバチが当たるよ！」

などと言って、目いっぱい盛り立ててくれたおかげで、私もなんとか怒りを鎮め、気を取り直すことができました。

と、そんなときでした。

私たちと同じ三人組の男子たちが声をかけてきたのは。

「彼女たちー、よかったら俺らと一緒に飲まない～？」

「そっちの分まで俺らがおごっちゃうよ～！」

一瞬、顔を見合わせた私たちでしたが、自分らと同じような年代の、大学生だという彼ら、けっこういい感じの子らだったんで、つきあってあげることにしたんです。

正直、私としてはちょっぴり亮に仕返ししたい気持ちもあったりしたし。

それから二時間ばかり皆で楽しく飲んで盛り上がって、夜十時になろうとした頃、

「ねえねえ、俺のマンション、この近所なんだ。これからそこで皆で飲み直さない？」

彼らの一人のSくんが言いだし、するとあとのKくん、Tくんも、

「そうしようよ！　こいつ、こう見えてもけっこう金持ちで、すげー広くて豪華なマンションなんだぜ。ちょっとぐらい騒いでも全然大丈夫だし。ね？」

と、声を揃えて盛り立て始めました。

すると、私と違って現在フリーのこちらの同僚二人も、

「いいじゃん、いいじゃん！　この際、お招きに預かっちゃおうよ、美憂！　パーッ

と騒いで裏切り者のカレシのことなんか吹っ飛ばしちゃおうよ、ね？」

とノリノリで反応しちゃう始末。

さすがに私も、これで彼らについて行ったりしたら、そのあとどういうことになるか大方想像がつくわけで……かなり抵抗がありましたが、結局、自分以外の五人の勢いに押される形で、Sくんのマンションについて行っちゃったんです。

そこは話どおりにゴージャスなマンションで、広々4LDKにバス・トイレの造りも豪華……ここに一人暮らしだなんて、たしかにSくん、かなりのお金持ちの家の子のようです。

そして再び、皆での飲みが始まったものの、それからものの三十分もしないうちに私たちの中をいかがわしい空気が支配し始めました。

夜も深まった密室の中、若く健康、かつ適度にアルコールが入って盛り上がった男女が六人……そんな連中が向かう先は一つしかありません。

すっかり誰も会話しなくなった妖しい静寂の中、チュバチュバ、ジュルジュルという、いかにも淫靡な音が聞こえ始めました。

Sくんと私の同僚のマキが、ねっとりとしたディープキスを交わし始めたんです。するとと負けじと、Kくんともう一人の私の同僚のアヤコも、濃厚に舌をからませ合い始めました。

私を間に挟んで、まるでステレオのように左右からネバッこい淫音が聞こえてきて、否応もなく私のキモチも淫らにザワついてきました。体も、心臓がバクバク高鳴り、全身が熱く火照ってくるのがわかります。

すると、

「なあ美憂ちゃん、俺らも……な？」

残るTくんがにじり寄り、顔を近づけ唇を触れてきました。私の唇を舐め濡らし、そこを割ってヌルリと舌が口内に滑り込んで……私の舌にからみつくと、ヌメヌメとのたくりしゃぶり舐めながら、ジュルジュルと唾液を啜り上げてきました。

「……ん、んふぅ……う、うぐ……ふうっ……」

どうするの、私？　このままいくと自分も亮と同じことをすることになっちゃうよ？　それでもいいの？

ウットリ朦朧としていく意識の中で、私はそう自問自答し、葛藤しましたが、Tくんの手が私のブラウスのボタンを外し前をはだけ、ブラを取って裸の胸に触れてくると、そんなウジウジしたものは、もろくも弾け飛んでしまいました。

「……あ……あふん、んん……んはぁ……」

柔らかい乳肉をニュムニュムと揉みこねられ、ツンと立った小粒でピンク色の乳首をコリコリと摘まみよじられて……そうされながら生温かい舌でレロレロ、チュウチュウと舐め吸われると、もうおかしくなっちゃうかと思うくらい気持ちよくって！

「ああ、美憂ちゃん、とってもかわいいよ……」

Tくんはそう言いながら私の手をとると、ジッパーを下げて前を開いたジーンズの中から引っ張り出したペニスを触らせてきました。ソレはカチカチに固くて熱くて大きくて……私は彼の胸への愛撫にヨガりながらソレをしごき、先端から滲み出してきたヌルヌルする液体で手が濡れていくのがわかりました。

「くうっ……いいよ、美憂ちゃんっ！」

Tくんは呻くように言うと、自分でも私のスカートをめくり上げ、パンティを下ろして剥き出しにしたアソコに指を差し入れてきました。淫らなぬかるみを掻き回すように指がうごめき、もうメチャクチャ気持ちいいっ！

と、ふと周囲を見回すと、もうすでに他の二組とも、完全全裸でからみ合い、ケダモノのようにお互いの肉体をむさぼり合っていました。パンパンパン、ヌジュ、ジュブ、ズプ……と、挿入結合する生々しい淫音が辺りに響き渡り、心なしかむせかえるようなイヤラシイ匂いまで漂っているようです。

もう、私の肉欲テンションもＭＡＸまで上昇していました。

「ねえっ……Ｔくん、きてぇ！」

私がそう言いながら、パンティを脱いでとろけたアソコをあらわにすると、Ｔくんも慌てて下半身をさらけ出しました。

そして極限までいきり立ったペニスが私の中に突っ込まれ、こっちが壊れんばかりの勢いでピストンしてきてっ……！

「ああっ……イイ！　イクイク～～～～ッ！」

私が達すると同時、まさにドンピシャのタイミングでＴくんも膣外射精しました。

そしてその後、私たちは順番に相手を交換し、結局私はＳくんともＫくんとも一戦ずつを交え、全三戦、疲労困憊しながらも、とことん満足することができたんです。

これで亮とはおあいこ……っていうか、私のほうが罪が重い感じでしょうが、何といっても先にやらかしたのは向こうのほう……私はちょっと申し訳なく思いながらも、謝るつもりなんてないんです。

■彼は私の顔を起こしてわざと結合部分を見えるようにさせて、ズブズブと……

母の再婚相手の本当の獲物は娘の私の肉体だった！

投稿者 安住安奈（仮名）／22歳／大学生

私には、忘れたいのに、どうしても忘れられないことがある。

それは、私がヴァージンを失った……いや、無惨にも奪われた日のこと。

いっそ誰かに話したら、胸の奥に沈殿したものが消え去って忘れられるかもしれないけど、どうしてもそれができないから……代わりにここに書いてみようと思う。そしたら忘れられるかな……。

それは今から八年前、私が十四歳で中二の頃。

前年に父を病気で亡くし、私は当時四十歳の母と二人暮らしだった。

その母が、いきなりこんなことを訊いてきた。

「安奈に会ってほしい人がいるんだけど、明日家に連れてきてもいいかな？」

すぐにピンときた。

その少し前から、母は時々こんなことを私に言っていたから。

『もし私が再婚するって言ったら、安奈、どう思う？』

『安奈、新しいお父さんが欲しいと思ったこと、ない？』

そのたびに私は、『別にいーんじゃない？』とか『どっちでもいい』とか、適当な返事しかしなかったけど……いよいよ、母の気持ちが固まったんだと思った。

私は正直、『新しいお父さん』という言葉には抵抗があったけど、女手一つで働いて、苦労して私を育ててくれてる母に幸せになってはほしかったから、『うん、わかった。いいよ、連れてきても』と答えてた。

そして翌日の日曜日。

私と母が暮らす2DKの賃貸マンションに、その人がやってきた。

小宮山秀樹さん（仮名）、四十三歳。

元々は、生保レディーをしている母のお客さんだったという小宮山さんもまた、三年前に奥さんを交通事故で亡くし、お互いになんとなく最初からウマが合ったということで、ほどなく付き合いが始まったらしい。

小宮山さんはなかなかのイケオジで、しかも某大手上場企業で要職に就くエリート。都心に4LDKのタワマンも所有していて、中二の小娘の私でも、しがないシングルマザーの再婚相手としてはかなりの好条件であることが痛いほどわかった。母も完全にその魅力のトリコのようで、狭いダイニングの食卓についた小宮山さんに嬉々としてビールを注ぎ、返杯のグラスもこっちが心配になるくらい、何杯も空けていた。

元々お酒にあんまり強くない、そんな母の様子をちょっと心配しつつ、私の胸中にはまた別の黒いモヤモヤが垂れこめていた。

始終、感じのいい笑みを見せながらも、時折ふとその顔に浮かぶ、小宮山さんのえも言われず下卑たイヤラシイ表情。その視線はまっすぐに私に向けられていて……この人、本当に信用してもいいの？　実はものすごく悪い人なんじゃないの？

そしてそんな私の危惧は、ほんのわずか十五分後に現実になってしまった。

案の定、浮かれまくり、調子に乗って度を越して飲みすぎた母は完全に酔いつぶれ、大きないびきをかきながら、居間兼母の寝室で深く寝入ってしまった。困った私が体を揺さぶりながら何度声をかけても、まるで起きる様子がない。

「母がすみません……いつもこんなじゃないんですけど……」

私が辛うじて笑顔をつくりながら、小宮山さんにそう言って謝ると、

「まあまあ、たまにはいいじゃないか。お母さん、ゆっくり休ませてあげようよ。僕は安奈ちゃんと二人きりになれて、とても嬉しいよ」

彼は例のあの下卑た表情で言いながら、私のほうへとにじり寄ってきた。

「僕ね、本当は安奈ちゃんのほうと仲良くしたかったんだ」

と言うその顔は、もう私の顔の前スレスレにあった。

「い、いやっ！　やめて……やめてくださいっ！」

必死で叫びながらもがく私の手をいとも簡単に押さえつけ、小宮山さんは寝そべらせた私の上に覆いかぶさってきた。大の男の固い筋肉質の重みに圧迫されて、私は息を喘がせてしまう。

「……んぐっ、ふう……うっ、くぅ……はぁ、あ、や、やめて……」

「ああ、安奈ちゃん、安奈ちゃん……本当にかわいいよ……一番最初にお母さんにきみの写真を見せてもらったときから一目惚れだったんだ。いつかこうなれるよう、一生懸命がんばってきたんだよ」

小宮山さんはそんな信じられないことを言いながら、私のカラダをまさぐり回し、服を剝ぎ取っていく。

ま、まさかこの人の本当の狙いは私……⁉　そのためにお母さんを再婚というエサで釣って骨抜きにして、まんまと家に入り込んで……？

「やだったらー！　やめてやめてやめて――っ！」

「どんなに騒いだってムダだよ……ほら、お母さん、ピクリともしない……大丈夫、精いっぱいやさしくするから……ね？」

私のまだ青い胸のつぼみは無惨にはだけられ、そこに小宮山さんのよだれでテラテラとてかった唇が吸いつき、醜い軟体生物のような長い舌がニュルニュル、ピチャピチャとぬめり、這いずり回ってきた。

「いやーーーっ！　やだやだやだぁっ……んあぁっ……あう〜〜〜」

生温かくヌルヌルとした気持ち悪さにおぞけをふるい、嫌悪の叫び声をほとばしらせる私……でも、自分でも驚いたことに、それはほどなく、えも言われぬ甘美な感触へと変貌していった。

「んあっ、あっ、はっ……あ、ああん、はぅぅ……」

「ほらほら、気持ちよくなってきただろ？　たまらないだろ？　どれどれ、このヨがりっぷりなら、下のほうもさぞかし……」

ますます淫らな口調に歪んだ声音で言いながら、小宮山さんがパンティを脱がして私の股間に手を触れると、『ジュプ、ジュクジュク』と、そこは信じられない音を立ててイヤラシク乱れ沸いた。

「おおっ、いい音だ！　安奈ちゃん、もちろんヴァージンだよね？　でも大丈夫！　これだけ濡れてれば、きっと痛みも最小限だ……ああ、もうたまらないから、入れさせてもらうね？　ほら、僕のオチン◯ン、こんなになっちゃってる！」

そう言ってズボンを脱いだ小宮山さんのペニスは勃起し、長さは優に十七〜十八センチ、太さも直径四〜五センチはあったんじゃないだろうか。それをこれ見よがしに振りかざしながら、彼は私の顔を起こしてわざと結合部分を見えるようにさせて、ズブズブと挿入してきた。そして徐々に抜き差しのピッチを速めてきて……。

「んあぁっ、ああっ、あ……痛い……ひぃぃぃぃっ……！」

処女膜を破られる痛みは相当なものだったが、ほどなく代わりに訪れた性の悦びはさらに想像を超えるもので……私はわずかな時間の後、あられもなく人生最初の絶頂を迎えていた。小宮山さんは一応外に出してはくれたが、彼のザーメンと私の流血が混じった幾分かのピンクマーブルの液体を見ながら、私は自分の純な心を淫らな肉体が裏切ったかのような、言いようのない自己嫌悪に陥ってしまっていた。

その後、母はいきなり小宮山さんから「ごめん、僕たちやっぱり釣り合わないよ」と絶縁され、大層なショックを受けていたが、もちろん私に、本当のことを母に告げることはできなかった。

『あの人の本当の獲物は最初から私だったんだよ』

■彼女の肉穴は、それはもう燃えるように熱くぬめって僕の肉竿を締め付けてきて……

豊満美熟女大家さんの誘惑にからめとられた僕の下半身

投稿者 倉本卓也（仮名）／36歳／無職

ずっと小さな健康食品会社で営業の仕事をしてたんですが、お恥ずかしい話、業績悪化を理由にリストラされてしまいました。ほんの申し訳程度の退職金と、一応会社都合ということで失業保険はすぐにもらえますが、当面僕はパート勤めの妻に依存する、甲斐性ナシの無職夫になってしまったというわけです。

そんなある日、妻がひどい風邪をひいて高熱を出し、どうにも身動きのできない状態になってしまいました。

こういうとき、勤めに出ない無職夫は便利ですよね。

妻に付きっきりで熱さましの氷枕をマメに替え、おかゆを作り、最低限の家事をやってあげて……そんな中、弱々しい声で妻が言いました。

「ごめんね、あなた、お世話かけちゃって。で、あとひとつ、どうしても今日中にやっておかなきゃならないことがあって、それをお願いしたいんだけど」

「うん、なになに？　いいよ、何でも言ってくれればやるよ」

そう問い返した僕に、妻は答えました。

「大家さんのところに、今月分の家賃を払いに行ってほしいの。基本、いろいろ世話を焼いてくれるいい人なんだけど、こと家賃の支払い期日にだけは厳しくて……今日払わないわけにいかないのよ」

そうなんです。

僕たち夫婦は築三十年の２ＤＫの木造賃貸アパートに入居しているんですが、そんな古めかしい物件ゆえかどうか知りませんが、今どき家賃の支払いが不動産管理会社への振り込みではなく、毎月、アパートの所有者である大家さん自身に直接払いに行き、その都度受け取りのハンコをもらうという形なのでした。

「こんな駅近で家賃が月六万円っていう格安なのはありがたいけど、いちいち直接って面倒なのよねー。銀行口座からの引き落としにしてくれたらいいのに」

ことあるごとに妻が愚痴っていたのを聞いていました。

「ああ、いいよいいよ、お安い御用だ。で、大家さんってどんな人だっけ？」

僕が出かける身支度をしながら妻にそう訊くと、

「この間までは七十すぎのおじいちゃんだったんだけど、少し前に亡くなっちゃって……今はその娘さんに代替わりしてるわ。奥さんももうずいぶん前に亡くなってるらしいから、その娘さんが一人で全部やってるかんじね」

妻はそう言いながら、財布から出した家賃分のお金を僕に渡そうとしました。

でも、ふとその手を止めて、マジマジと僕の顔を見てきました。

「な、なんだよ？　俺の顔に何かついてる？」

そう訊くと、妻は何やら思わせぶりな口調でこう言いました。

「家賃渡してハンコもらったら、すぐ帰ってきてね。くれぐれも長居しないでね」

「ハハハ、何それ？　そんなのするわけねーじゃん？」

僕は妻のよくわからない杞憂を一笑に付すと、お金を受け取りアパートを出て、すぐ裏手にある大家さんの住む一軒家へと向かいました。そして玄関のチャイムを鳴らして、インターフォンからの「はーい、どなたー？」という問いかけに答え名乗ったのですが……ドアが開いて中から出てきた相手を見て、さっき妻が見せた妙な様子の理由がわかったような気がしました。

もちろん、その相手は先代から代替わりした大家さんで、たしか四十歳ぐらいと聞いていましたが……ただしそれは、ただの四十女ではなく……豊満な肢体から溢れ出る色気がムンムンと匂い立つような、美形の極上四十女だったんです。そう、全盛期の女優のかた○梨乃を思わせるような……。

「ああ、今月分の家賃ですね。どうもご苦労様です。さあ、上がってください」

一瞬、その魅力にポーッとなっていた僕でしたが、彼女に促されるままに、玄関を上がってすぐ脇にある応接室のような部屋に通されました。小さなテーブルを挟んで向かい合わせに、背もたれのあるソファが置かれています。

僕がその片方に座って少し待っていると、彼女がお盆に飲み物らしきものを載せて現れました。……って、ええっ！　まさかのビール⁉

「今日はちょと暑いですよねえ……ビール、飲まれますよね？」

「い、いや……もちろん飲みますけど、そんな、申し訳ないです……」

そう遠慮する僕の言葉を意に介するふうもなく、彼女はグラスに瓶ビールを注いでこちらに渡して寄越すと、自分でも注いで口にしながら、僕から家賃分のお金を受け取っての事務作業を進めました。僕は受領印をもらい、グラスのビールをグイッと飲み干すと、ソファを立ってさっさとお暇しようとしたんですが……彼女はそうさせてはくれませんでした。

僕の腕をとると、ニコッと微笑みながら、

「いい飲みっぷりじゃないですか。もう一杯、いかが？」

と言い、有無を言わさず二杯目を注いできたんです。そうなると僕もせっかくの大家さんの好意を無下にするわけにもいきません。「は、はあ……じゃあもう一杯だけ」と言いながら、再び腰を下ろし、グラスを口に運びました。

すると、大家さんはさりげなくソファの僕の隣りに滑り込んでくると、豊満ボディを密着させながら、ごく間近で囁くようにこう言ってきました。

「いつも家賃持ってくるの奥さんだったから知らなかったけど……ご主人、こんないい男だったのねえ？　いいなあ、奥さん。妬けちゃう……」

そんな艶っぽいセリフと同時に熱い吐息が耳朶に吹きかけられてくるものだから、健全な肉体を持つ男子である僕としては、もうたまったもんじゃありません。

「い、いや……そ、そんなこと、ないです……僕なんか……」

ズボンの下で否応もなく固く張り詰めてくる股間に気づかれないよう、僕は慌てて再び立ち上がろうとしたんですが、それもまたもや阻止されて……ソファに引っ張り倒された僕の股間を見るや、彼女は嬉々としてそこを撫で回してきました。

「あ～ん、すっごーい！　ここ、ズボンを突き破らんばかりに突っ張っちゃってるじゃないの！　これで奥さんのこと、毎晩可愛がってあげちゃってるのね？」

そう言いながら彼女はズボンのベルトを外しチャックを下ろし……パンツごと一気

にずり下げられたおかげで、僕のムスコはコワいぐらいの勢いで、ビョーン！　と跳ね返り立ちました。

「キャーッ！　こんなに立派に勃起した生チ○ポ見るのなんて、ほんと久しぶりだわ～！　私が離婚して出戻ってきてからもう三年と半……ほんとは毎晩、男が欲しくてカラダが疼いて疼いて仕方なかった……ねえ、ご主人、年増で申し訳ないけど、かわいそうだと思って、私のこと、抱いてくれない？」

「い、いや……こ、困ります……そんな……」

　僕はオスの本能に必死で逆らいながら、そう言って彼女から身をもぎ離そうとしたんですが、襟ぐりが大きく開いたカットソーの前面から、たわわな胸の谷間をこれでもかと見せつけつつ、チ○ポをしっかりと両手で握って裏スジに舌を這わせてくる魅惑の攻撃に、もう撃沈寸前でした。

「えーっ？　困るですって～？　チ○ポはもう先っちょ濡らしてウェルカム状態で、そんなこと言ってないよ～？　ねえねえ、観念してヤッちゃいましょうよ！　奥さんには絶対ヒミツにしてあげるから！　ねっ、ねっ⁉」

　そう言いながら彼女は、とうとう亀頭全体をズッポリと咥え込むと、顔を何度も上下動させ、ジュッポジュッポと濃厚にしゃぶりたててきて……！

「う……く……うおぉぉぉぉ〜〜〜〜〜っ！」

もう、ガマンの限界でした。

妻よ、許せ……！

僕は心の中でそう詫びながら、大家さんにむしゃぶりついていました。

カットソーを頭から脱がせ、薄紫色のブラを外し……Gカップはあろうかという丸く柔らかな肉房を鷲掴んで揉みしだきながら、乳輪が大きくツブツブ多めの乳首を吸いたて、舐めしゃぶりました。

「ああっ……いいっ、いいわ！　もっと、もっと吸って……きつく！　激しく！　んあああぁぁ……！」

僕はそうしながら彼女のスカートを脱がせ、パンティもむしり取っていました。そして両手は二つの乳房と乳首を愛撫するため胸に残したまま、顔を下に下げていき、口唇で股間の肉唇をとらえていました。そこは呆れるぐらいに熱くとろけ、大量の愛液を溢れ出させていて、僕はそれをジュルジュル、ジュブジュブ、ズチャズチャとあられもない音を立てながら舐め啜ってあげて……。

「あひぃ、ひぃ、んあぁぁ……あん、あん、あん！　ああ、もうダメ、ねえ、きて！　そのデカチンで私のこのスケベなマ◯コ、めちゃくちゃにしてぇ〜〜！」

感極まって喚きたてる彼女の懇願を受けて、僕は彼女を立たせ、ソファの背もたれ部分に両手をつかせると、その尻肉を左右からしっかりと掴んで押し開くようにして、バックから勃起チ○ポを突き立てていました。彼女の肉穴は、それはもう燃えるように熱くぬめって、キュウキュウ、ミチミチと僕の肉竿を締め付けてきて……僕はその灼けつくような快感に呻きながら、必死でピストンを叩き込みました。

「あっ、あっ、あっ……ああん、すごい、う……うく〜〜〜〜！」

「はっ、はっ、はっ、はっ……うぐぅ……！」

「ああん……イ、イクッ……くう……あああぁぁぁぁ〜〜〜っ！」

大家さんは、ビクビクと何度も大きく身を震わせながらイキ悶えて、僕もたっぷりの精液を彼女の腰のくぼみ辺りにまき散らしていました。

結局、僕が部屋を出てから妻の元に戻ったのは、四十分後のことでした。

「いや〜っ、ビール出されて、何かと話しが弾んじゃって〜……」

と、苦しい言い訳をする僕を、妻は冷たく醒めたような目で見ていたのでした。

■勃起したチ○ポの先の亀頭は、優に左右八センチ近くにまで大きく張り詰めて……

顔を隠した全裸の男女たちが行きかうカイカンの秘宴

投稿者 辻井レナ（仮名）／27歳／OL

私に好みの男なんていません。

ただ、好みのチ○ポがあるだけ。

そんな私は、今日もまた素晴らしいチ○ポとの出会いと交流を求めて、とある集まりに参加するのです。

それはネットで見つけた、完全匿名・顔バレなしの、男と女のマッチング・パーティー。男三万円、女一万円の参加費を払えば誰でもエントリーでき、毎回決まった場所ではなく、都度異なる、でもそれなりに広いマンションの一室で行われます。

参加者は皆、男も女も主催者側から配られる、両目と鼻、口のところだけが開いた黒いゴム製のマスクを頭からかぶります。それ以外は何も身に着けず、顔以外は完全全裸という格好です。

え？　相手の顔がわからないなんて、そんなのつまらないって？

見解の相違ですね。

私のように、相手の顔なんてどうでもよくて、ただひたすらそれ以外の肉体の部分にしか興味のない人間にとっては、これに勝る出会いの形はありません。基本的にセックスにとっては不必要な顔かたちなどというものに惑わされることなく、自分が快感を得るために必要な肉体のみを見極めればいいわけですから。

さあ、今日の舞台は地上三十階のタワマンの最上階、キングサイズのベッドが二つ置かれたなかなか豪華な造りの部屋で、参加者全二十人（男十二人、女八人）が余裕で動き回れる広さです。

照明は柔らかなオレンジ色でちょっと暗め&ムーディーに設定され、決して明晰ではありませんが、相手のある程度の肉体の様子を窺うには十分な明るさです。

参加者は各自、部屋の中央のテーブルに置かれた様々な飲み物の中から好みのものを選び、めいめいそのグラスを手に室内を歩き回って相手を物色します。

と、私の眼に一人の男性の姿が飛び込んできました。

その彼は身長は一七〇センチちょっとで、けっしてたくましいとはいえず、どちらかといえば軟弱な体形に属するタイプでしたが、そんなのは私にとって大した問題ではなく……思わずクギ付けになってしまったのは、やはりそのチ〇ポです。

もちろん、まだ平常時で勃起はしておらず、だらんと股間にぶら下がった状態でしたが、それでもその長さは優に十五センチ近くあり、太さも直径五センチはあろうかという堂々としたものでした。

ただし私としては、もちろんその大きさにも感銘を受けましたが、一番心を鷲摑みにされたのは、何といってもその亀頭の形状でした。

先ほどチ○ポの太さを五センチと書きましたが、左右に大きく張り出した亀頭部分はさらに六センチ超はあり、これ、もし完全勃起したら一体どのくらいまで膨張するんだろう？　と、想像するだにドキドキワクワク、同時に私のアソコもズキズキしてしまうようなインパクトだったのです。

それというのも、実は私の膣内部はかなり広く、いくら普通の巨根の人に挿入されてもユルユルとして歯ごたえがないというか……でも、亀頭の張り出しが大きいチ○ポなら、そこに肉の引っかかりが生じてとても気持ちいいという、経験とデータがあったからです。

そんなふうに彼の股間を一心に見つめていると、それに気づいたのか、向こうのほうからこちらに歩み寄ってきて、声をかけてくれました。

「あなた、とても美しいオッパイされてますね。正直、決して大きくはないけど、見事になめらかで惚れ惚れするようなバストラインだ……理想的ですよ」

「あら、嬉しいわ、そんなふうに言ってもらえて……男性って、誰もが巨乳みたいなのが好きなのかと思ってたから……」

「僕に言わせれば、そんなの幼稚ですよ。未だにお乳をくれた母親のオッパイが忘れられない、一種のマザコンみたいなものだ」

と、ちょっと憤慨気味に言う彼に、私はやさしく微笑みながら、

「面白いことおっしゃるのね。うふふ、私もあなたのオチン○ン、とても気に入ったわ。大きいだけじゃなく、その形状もとっても好みなんです」

そう言うと、手に手をとってキングサイズのベッドの一角へと誘いました。

「嬉しいなあ。このペニス見ると、先っちょが大きすぎて気持ち悪いって言う女性がけっこう多かったんだけど……あなたは違うみたいだ」

「ええ……お手合わせ願えるかしら？」

マッチング成功です。

顔全体の表情はマスクに隠れて窺えませんが、柔らかな目と口もとの雰囲気だけで、お互いに本気で好感を抱き合っていることがわかるというものです。

周りでは既にもう何組かのマッチングが成立し、それぞれが愛の営みを始めていま

した。彼ら、彼女らが発するエロチックな声音がしっとり、ねっとりと辺りの空気を妖しく濡らす中、お相手の彼は私の胸に口づけしてきました。

その言葉どおり、私の乳房のバストラインをいつくしむように、味わうように何度も何度も舌で愛撫しながら、左右の手の指でコリコリ、クニュクニュと両の乳首を摘まみ、こね回してきました。

「んあっ、あっ、はぁ……あうぅん……」

私はそのデリカシー溢れる快感に身悶えしながら、自分からも彼の股間に手を伸ばし触れました。するとそこは、私との営みが始まったことですぐに昂ったようで、さっき見たときよりも、てきめん大きくみなぎっていました。私は胸をときめかせながら亀頭を触ると……ああ、すごい！

勃起したチ○ポの先の亀頭は、優に左右八センチ近くにまで大きく張り詰め、その赤黒いボディをツヤツヤとてからせていました。

私はたまらずそれにしゃぶりついていました。

そして大きな飴玉を味わうように頬を膨らませて咥え込み、ジュブジュブ、ジュルジュルと啜り味わって……口の中でさらに巨大化したようにすら感じました。

「あ、ああ……いい……最高のおしゃぶりだ……僕、もうあなたの中に入れたくてたまらなくなってきた……くぅぅ……」

それを聞いた私は、チュポンッと音を立てて彼のチ〇ポを口から離すと、ベッドに横たわり。両脚を大きく広げて彼に乞いました。

「私も……私もあなたのオチン〇ンが欲しくてたまらない！　さあ、きて！　ここに思いっきり深く突き入れてぇっ！」

その懇願に応えて私の中に入ってきたチ〇ポがもたらす快感インパクトは、もう想像していた以上で……抜き差しするたびに肉びらがめくれ上がり、膣道にぶつかり……幾度も幾度も弾け舞うエクスタシーの火花で、意識が燃え尽くされるようでした。

そして訪れる随喜の瞬間！

「ああっ、あ、あん……イクイク、イッちゃう〜〜〜〜〜〜！」

「あううっ！　ぼ、僕も……もう……っ！」

それはもう、これ以上ないほどの満足感に満ちたオーガズム体験でした。

え？　それでもやっぱり相手の顔を見てみたいと思わないのかって？

はい、チ〇ポが男前なら、それでいいのです。

■彼は、時折私の乳首をベロリと舐め転がし、その湿った箇所にバイブの振動を……

雨の日の思わぬ訪問者に身も心も癒し感じさせられて

投稿者 椎野絵里奈（仮名）／25歳／家事手伝い

私のプロフィール見て、驚きませんでした？

『家事手伝い』って、今どきあんまり聞きませんよね？

はい、ぶっちゃけそれって体面上言ってるだけで、実際は引きこもりのニート……ってゆーか、心を病んで自宅療養中の身の上なんです。

三年前、大学を卒業してメガバンクに就職したはいいものの、そこで上司から激烈なパワハラを受けた私は鬱病になり、わずか一年半で退職。それから心療内科に通院しつつ自宅で静養して……最近、ようやく回復の兆しが出てきて、そろそろどこか外へ働きに出ようかなって思えるようになってきた今日この頃なんです。共働きで完全に私を養ってくれてる五十代の両親に、これ以上迷惑はかけられませんしね。

とまあ、私の状況説明はこの辺にして、つい先だって思わぬ訪問客を出迎えた体験をお話ししたいと思います。

その日は平日で、両親も勤めに出ていて、家には私一人でした。

時刻は午後二時頃。いつもなら自炊して軽くお昼を食べたあと、一時間弱ほど近所の公園へ散歩に出ている時間帯なのですが、その日はあいにくと土砂降りの雨模様でそれもできず、私は居間のテレビで好きな映画のＤＶＤを観ていました。

すると、玄関のチャイムが鳴りました。

めんどくさいのでしばらく無視していたのですが、しつこく何度も鳴り続けます。

とうとう根負けした私は、ＤＶＤを止めて居間のソファを立ち、玄関脇にあるモニターでチャイムの主の姿を確認しました。するとそこにはヨレヨレのスーツを着てずぶ濡れになり、手にはアタッシェケースを提げた中年セールスマンといった出で立ちの男性が映っていました。こんな空模様なのに傘も持っていないようです。

その思わず同情を引くような情けない様子のみならず、まるでクマのプーさんのように朴訥として憎めないかんじの顔立ちにほだされて、私は思わずインタホンに向かってしゃべってしまっていました。

『あの、どちら様でしょうか？　どういったご用件で……？』

すると、顔立ち通りのモコモコした柔らかい口調で、あるモノをセールスして回っているといいます。あるモノって？　と問い直しても、

『とてもいいものなんですが、これぱっかりは実際に見てもらわないと……』

と、何だかもったいぶったことを言ってきます。

普通なら、こんなの相手にする由もないのでしょうが、まるでずぶ濡れの情けない風貌のクマのぬいぐるみを見ているような心境の私は、ついそんな同情心といくばくかの商品への興味もあって、玄関のドアを開け彼を迎え入れてしまったんです。

「いやー、ありがとうございます。ほんと助かりました」

とりあえず靴を脱がずに三和土《たたき》のところで、私が渡してあげたバスタオルで濡れた頭とスーツを拭きながら、彼は何度も頭を下げつつ言いました。

そしてようやく一息ついたところで、居間に通して熱いお茶を出してあげると、礼を言いながらアタッシェケースを開け、商品の説明を始めたのですが、それはなんとアダルトグッズ……さまざまな種類のバイブレーターだったんです！

私はびっくりしてしまい、

「ちょ、ちょっと……私、こんなものいりません！　わざわざ上がってもらって申し訳ないですけど、もう帰ってください！」

と、けんもほろろに手のひら返ししていました。すると彼は、

「いやいや……もうちょっと、説明だけでも聞いて……いや！　一つでもいいから買

ってください！　じゃないと私、上司にどんな目にあわされるか……」

と、涙声で私に取りすがってきたんです。

そのとき、私の気持ちは、あのつらかったメガバンク時代へと一気に飛んでいました。来る日も来る日も上司から叱責され、怒鳴られ、イヤミを言われ、追い込まれて……そして目の前で涙声で懇願している彼の心情とシンクロしてしまって……、

「う、ううう……うわぁぁぁ〜〜〜〜ん……あ〜〜〜〜ん……！」

なんとこっちまで気が昂り、泣き出してしまったんです。

慌てふためく彼に、私は必死で心を落ち着かせながら、自分の状況を説明しました。するとそれを聞いていた彼の表情は、見る見る穏やかで愛しいものを見るような面持ちに変わり……こんなことを言ってきました。

「あなたの気持ち、よ〜くわかりましたよ。かわいそうに……ここで出会ったのもきっと何かの縁です。私なりのやり方で、あなたのそのつらさを癒して差し上げましょう。さあ、リラックスして、私にまかせてください」

そして私のカラダをソファの上に横たえると、着ていたシャツのボタンを外して前をはだけ、ブラジャーも取り去って……決して大きくはない胸ですが、私のバストは全面、さらけ出されてしまいました。

でも、彼のやさしい口調と丁寧な動作のせいか、不思議と抵抗感や嫌悪感は感じず、なかばうっとりとなすがままで。

「ああ、色白できれいな胸ですね。さあ、痛くないですからね……」

彼はそう言いながらバイブレーターの一つを手に取ると、スイッチを入れて細かな振動が始まりました。そしてそれを私の乳房……乳首を中心に半径二センチぐらいの部分に円を描くように触れさせ、這い回らせてきて……。

「……ん、んんっ、あ、はぁ……あうん……」

その絶妙の力加減のタッチ、そして動きに性感が反応して、私は思わず甘い喘ぎ声をあげてしまいます。

「うふふ、いい声で啼きますね……さあ、もっと啼いて」

彼はそう言うと、なんとバイブを両手に二本持ちにして、私の左右の胸を同時に責めてきました。さっきの快感が倍に……いや、三倍にも四倍にも増幅して感じられ、彼の言葉どおり、私の喘ぐ音量はさらに大きく高まってしまいます。

「んあぁ、あはっ、ああ……あん、んん、いいっ……気持ちいい！」

そして今度はいよいよ、バイブの振動が乳首に直接触れてきました。

最初は緩やかだったそれが徐々に激しくなっていくと、私の乳首はその魅惑の刺激に反応して、怖いくらいツンツンに勃起して反応してしまうんです。

「あっ、あっ、あっ……あひぃ……ひあぁぁぁ～～～～っ！」

「さあ、次はこういうの、どうですか？」

そう言いながら彼は、時折私の乳首をベロリと舐め転がし、その湿った箇所にバイブの振動をヌジュ、ジュブ、ジュブブ……と擦り込むようにしてきました。それはもうたまらなく気持ちのいい粘着感でした。

「あふぅ……んあっ、はぁ、ああ……か、感じる～～～～！」

「さあ、いよいよ本丸に攻め込みますよ？　もう相当とろけているはず……」

彼はそんな時代劇みたいなことを言いながら私の穿いていたジーンズを脱がすと、パンティも取り去り、恥ずかしい股間の茂みがあらわになってしまいました。そしてそこへ振動するバイブを押し付けてきて……ジョリジョリ、ズブブブ、ヌブブブ……と湿った茂みを掻き分けながら、ついにその先端が私の生身の肉ひだに触れ、プルプルと震わしてきます。

「はい、これちゃんと殺菌してありますから、安心して奥まで呑み込んで大丈夫ですよー。はいはい、もっと力抜いて……さあ、振動数上げますよ」

その言葉と同時に、彼は私の肉穴に挿入したバイブの振動を激しくしてきました。

もちろん、もう片方で乳首を責めてるバイブのほうも振動アップさせたものだから、ダブルで過激に弾ける快感が、もーたまりません！

「んあっ、ああ、あふ……ひあぁ！　あっ、ああん、んくぅっ……！」

「さあさあ、頭の中のつらいこと、悲しいこと、全部快感で吹き飛ばしちゃいましょう！　大丈夫、あなたはちゃんとやり直せますよ！　ほらほらっ！」

「あふっ、はぁ、ああっ……んあぁぁぁっ……イクイク、イッちゃう～～～～！」

バイブを抜き差しする彼の手の動きもどんどん速く、強くなっていって、私はとう、ビクビクとカラダを痙攣させるようにして絶頂に達してしまいました。

「ああ、ありがとうございます……なんか身も心もスッキリできて、私、立ち直れる自信みたいなものができたように思います」

「それはよかったです。じゃあせめて、一番安いやつで結構なので、何か品物お買い上げいただけますか？」

「ううん、高いやつ、二本もらいます！」

私は明るくそう答えていました。

第二章

出逢いと別れのオーガズム

■課長の力強い抱擁の圧力に、Eカップの私の白くて丸い乳房がグニャリと歪み……

新任課長とのギャップ不倫セックスの虜になって

投稿者 菊地紀香（仮名）／25歳／OL

新年度の異動でこの春、私の所属する課に新しい課長がやってきました。

前任の課長が四十二歳だったのに対して、今度の新任の田村課長は三十六歳とぐっと若返った感じで、そのフレッシュな立ち振る舞いの影響で課内もがぜん活気づいたように思います。といっても、それはもっぱら私ら女子社員のほうで、男子社員のほうは別に変わりなく……。

というのも、田村課長は俳優の佐々木○之助を思わせる、線が細く品のいいイケメンで、これまで社内には一人もいなかったタイプの男性とあって、その魅力に多くの女子社員がズキュン！　と心射貫かれてしまったというわけ。もちろん、田村課長にはちゃんと妻子がいましたが、ＪＫノリで遠巻きにキャーキャー言ってる分には、そんなの別に関係ないですものね。

ただ、私はといえば、そんな彼女たちの盛り上がりからは蚊帳の外。

私の好みはマッチョでいかつく、身も心もたくましい野獣系の男性なもので、すでにそれ系のカレシとつきあっているということもあって、そんな私にとって田村課長は単なる有能な一上司という、それ以上でも以下でもない存在だったのです。

ところがある日、思いがけないことが起こりました。

なんと田村課長のほうから、私を飲みに誘ってきたのです。

しかも二人だけのサシで。

とてもじゃないけど、下心がないとは思えません。

すぐに断ろうかと思いましたが、そうすると、さすがにこの先の仕事上の関係にも影響するかもしれない……私はオトナの判断で、上司の顔を立てるべく、とりあえず一回だけはつきあってあげることにしました。

そして翌日の終業後、簡単に夕食を済ませた私たちは、課長が行きつけだという雰囲気のいいＢＡＲに向かい、彼はウイスキーの水割りで、私はお気に入りのカクテルでグラスを合わせました。

その後お互いに杯を重ねながら、あれこれと話しをしたのですが、案の定最終的には、田村課長は私とベッドを共にすることを望んできました。

でももちろん、私にその気はありません。できるだけやんわりと彼のヤル気をいなそうと試みたのですが、なかなかあきらめてくれようとはしませんでした。

「ふふふ、ますますいいね～……課内の他の子は、たいてい皆、僕に夢中だけど、きみだけは我関せずってかんじがクールで、なんだか逆にゾクゾクしちゃうんだよなー。ねえ、頼むよ。一回だけでいいからさ」

何ぃ!? そんなのでゾクゾクするなんて、ひょっとして課長ったらドMなの？

ああ、ますます私の好きな野獣系とは真逆だわ！

私はとうとう、課長が自分の好みではないことを正直に言ったのですが、それでもなおあきらめてはくれず……結局、こっちが根負けしてしまいました。

「わかりました。でも、本当に今日のこの一回きりですよ？ それで納得して、今後も私と仕事上で軋轢なくやりとりしてくださるよう、約束してくださいね？」

「うん、するする」

田村課長は満面の笑みでそう答え、もう私も観念するしかありませんでした。

それからタクシーで五分ほど飛ばし、街はずれにあるラブホテルに行きました。

そして部屋に入ると、先にシャワーを浴びた私は裸の素肌にバスローブを羽織って、ベッドの上で課長が浴室から出てくるのを待ちました。

「おまたせ」

そう言って出てきた課長の裸を見て私は驚き、そして正直昂ってしまいました。

それは普段の会社での、スーツをスマート&スタイリッシュに着こなして、やさしく微笑む課長のソフトなイメージとは裏腹に、ギンギンに鍛え絞られた鋼のようにたくましい細マッチョボディだったのです。

「おや、どうしたの？　そんなポカンとした顔して……僕が脱いだらあまりにもスゴイもんで、びっくりしちゃった？　嬉しい誤算ってやつかな？」

彼はニヤニヤとそう言いながらベッドに上がってくると、私の横に腰を下ろし、バスローブを脱がせてきました。そして、

「ほほう、きみも着やせするたちなんだね。会社でのOLの制服姿からは想像もつかない豊満ボディじゃないか。お互いにギャップがすてきな、お似合いの相手同士だと思わないか？」

そう言いながら、正面からギュ～ッと私のカラダを抱きしめて。

「あ、ああっ……」

田村課長の力強い抱擁の圧力に、Eカップの私の白くて丸い乳房がグニャリと歪みつぶれ……その負荷が、えも言われぬ快感を私の中に呼び起こしました。

「ああ、菊地さん……っ」

課長はそのまま私の唇を吸ってきました。さんざんチュバチュバとむさぼられ、口内をレロレロ、ヌチャヌチャとしつこく舐め回されると、乳房への魅惑の圧力と相まって、私の性感はますます高まっていきました。

「……んあっ、はぁ……あ、ああっ……」

そしてそう喘ぎながら、課長の下半身が熱く固く大きくみなぎり、まるでスリコギのような豪快な迫力で、私の下腹部をグイグイ押してくるのがわかりました。

もうこんなの、否応もなく濡れてしまいます。

私は昂る一方の官能の中、きっと課長のことだから、このあと本番の前にソフトに手順を踏んで前戯を入れてくるのだろうな、と想像していたのですが、それは課長に対する、とんだまちがった思い込みだったようです。

指で私の股間を探り、もう十分ぬかるんでいることを確かめた課長は、

「ああ、もう恥ずかしいくらいオマ◯コ、ドロドロのグチャグチャじゃないか！　もう早くこの固くて太いチ◯ポ、入れてほしくてたまらないだろ？　前戯なんていらないよな？　ほら、正直にオチ◯ポ入れてっ！　て言ってみな！」

と、予想外のワイルドな高圧さで迫ってきたのです。

たくましい肉体への驚きに加えて、この荒々しいまでの態度の豹変っぷり！

ああ、野獣よ！　私の大好きな野獣がここにいるわ！！

さっきまでの消極的な態度はどこへやら、私は今や完全に田村課長の魅力にノックアウトされ、促されるままに心の底から叫んでいました。

「お願い！　課長の固くて太いオチ○ポ、私のマ○コに入れてぇっ！」

「よしっ！　入れてやるぞっ！」

そしてズブリと深く突き入れられ、グリグリ、ヌチャヌチャと激しく掻き回されるままに、私は我を忘れてその快感に翻弄され、信じられないほどのオーガズムの境地に達してしまったのでした。

というわけで、今や私のほうが完全に田村課長とのセックスの虜。

つきあっているカレシには申し訳ないのだけど、この関係、当分やめられそうにありません。

■彼女は予想外に大きなバストをさらけ出し、ブルン、ブルルンと激しく揺らして……

パート仲間との別れの日、私は女同士の愛と快感を知った

投稿者 山内みなみ（仮名）／28歳／パート主婦

とても仲のよかったパート仲間の愛子さん（三十歳）が、ご主人の他県への転勤のため、仕事を辞めざるを得なくなってしまいました。

「残念ね〜、向こうへ行っても元気でねー」

「また近くに来たら遊びに寄ってね！」

職場近くの居酒屋で行われたパート仲間四人での送別会が終わり、皆口々にお別れの言葉を贈り、解散しようとしたときのことでした。

「みなみさん、このあと少し時間、いい？　うちで飲み直さない？」

愛子さんがこっそりと私にだけ、そう声をかけてきたんです。

そのとき、時刻は夜の九時を少し回った頃。今日はダンナは残業で帰りは午前様だということがわかっていたので、私もまだちょっと名残惜しかったのもあって、

「うん、いいわよ」

と答え、彼女が住む団地へとお招きに預かりました。聞けば、ご主人も今日まさに職場で送別会を開いてもらっていて、帰りは夜中の一時～二時になるだろうとのことでした。

もう来週には引っ越しということで、団地の部屋の中はかなり荷造り作業が進んでいて、あちこちに荷物の詰められた段ボール箱が積まれていました。寝たり座ったりできるスペースはほんのわずかしかありません。

私と愛子さんは、畳敷きの部屋のそんな限られた一郭で向かい合わせに座り、途中のコンビニで買い込んできた缶ビールを酌み交わしながら、改めて二人だけの送別会を始めたんです。

そうやって一時間ほども、職場での思い出話や愚痴に花を咲かせた頃合いだったでしょうか。だいぶ酔っぱらった愛子さんが急にこんなことを訊いてきたんです。

「ねえ、みなみさん、あなた、ご主人の他に好きな人っている？」

「ええっ？　何よそれ？　いないわよ、そんな人。やーねー」

私が笑いながらそう答えると、一瞬の間のあと、愛子さんは言いました。

「私はいるよ。ダンナの他に……ってゆーか、ダンナよりも、ずっと好きな人」

私は愛子さんの思わぬ告白に言葉を失い、生唾を飲み込みました。

「……だ、誰よ、それ？」

私の問いかけに、彼女は思わぬ答えを返してきました。

「それは……みなみさん、あなたよ……」

「え、ええっ⁉　ちょ、ちょっと愛子さん、いったい何を……？」

私が驚いて訊き返す、その言葉もぜんぶ言い終わらないうちに、彼女は正面から私を抱きすくめるようにすると、唇に唇を重ねてきました。そして有無を言わさぬ激しさで舐め、吸いむさぼってきたんです。

「……んぐっ、うぅ……ふぐっ、んんっ……うぐぅ！」

私はその想像だにしなかった展開に動揺しながらも、必死で彼女の体を押しのけようとしたのですが、いましめの力はあまりに強くてびくともせず……私はますます激しく口唇を吸いむさぼられる一方で、ジュルジュルと唾液を啜り上げられ、ネロネロと舌をからめとられるうちに、まるで魂を吸い取られるみたいに全身の力が抜けていってしまいました。

そしてとうとう、愛子さんは私を畳の上に押し倒すと上から覆いかぶさり、唾液でテラテラにぬめらせた顔で見下ろしながら、こんなことを言ってきたんです。

「私とダンナの間にもう愛情なんてないのよ……そう、いわゆる仮面夫婦っていうやつね。私……みなみさん、あなたとずっとこうしたいって思ってたのよ！」

「あ、愛子さんっ……ちょ、ちょっと待ってて……！」

私は今一度彼女を押しとどめようとしましたが、その想いと欲望の強さゆえに、私の意思などこれっぽっちも尊重はされないようです。愛子さんは興奮のあまり異常にギラつかせた目で、強引に私の衣服をむしり取ってきました。その怖いくらいの迫力に圧倒されて私はされるがままで……とうとう全裸に剝かれてしまいました。

「ああ、やっぱり思ってたとおり……白くてなめらかで、とってもきれいな胸！」

私のお腹の上あたりに馬乗りになった彼女は身を起こすと、息を荒くしながら自らも服を脱ぎだし、ブラジャーも取って予想外に大きなバストをさらけ出し、ブルン、ブルンと激しく揺らしました。それはまるで、暴力的なまでに凶暴な欲望で私を威嚇してくるかのようでした。

「ああん、みなみさんっ……！」

そしてひと声そう叫ぶと、身を倒して自分の胸を私の胸に密着させてきて……重い肉房で押しつぶさんばかりの迫力で私の乳房にムニュムニュとからませ、固く勃起した乳首をこすりつけて……いつの間にか私のそれも痛いくらいに尖り立っていて、双方の乳首の接触は、信じられない快感を呼び起こしました。

「あっ、ああっ……あんっ、はあっ、あう……んあ～～～～っ！」

「ああっ、みなみさんもいいのねっ⁉　私もサイコーに気持ちいいわ！　あふぅ……はぁぁ、ああ……んあぁぁ……」

季節はまだ春先で決して暑くはないというのに、私も愛子さんもその身はジットリと汗ばみ、からみ合った双方の肉体は糸を引かんばかりに湿り溶け合い、淫らなまでに高い熱を発していました。

「ああっ、みなみさん、たまんない……っ！」

次いで愛子さんはそう口走ると、私のその粘ついた胸にむしゃぶりついてきました。大きく開いた口でバクリと咥え込むと、乳肉をレロレロと舐め回しながら、尖りきった乳首をチュウチュウと吸い上げ、時折強めに甘噛みしてきて……。

「あ、あひぃ……あ、愛子さんっ……そ、そんなっ……あぁぁっ！　はぁっ！」

爆発する快感に思わず一段とあられもない嬌声をあげてしまいます。

「んあっ、はぁ、ああ……ひぃ、ひぃ……！」

ほんと、今まで夫を始め、男にはさんざんこうされてきたけど、女のふくよかな唇で、やわらかな舌で舐め吸われるのが、こんなにも繊細でキモチいいものだったなんて……それは人生で初めて味わう衝撃でした。

そして同時に、私の中でこれまで覚えたことのない感情が生まれてきました。それは私も、愛子さんの、女性のカラダを愛してあげたいという気持ちと欲望。その瞬間、私は身を起こし、逆に愛子さんの体を掴むと畳の上に押し倒していました。そして今度は自分が彼女の胸を愛そうとしたのですが、それは軽くいなされてしまいました。「えっ、えっ……？」と拒否られたことにうろたえる私。

それに対して、彼女はやさしく微笑んで言いました。

「うふふ、それよりももっと深く愛し合いましょ、ね？」

そして私たちは改めて双方とも服を全部脱いで全裸になると、愛子さんはシックスナインの体勢になるよう促し、私の目の前には淡い茂みに覆われた彼女の股間が。さすがに一瞬躊躇した私でしたが、次の瞬間、自分の股間に甘美な衝撃が炸裂して！

愛子さんの舌が私のクリ豆をねぶり回し、濡れた肉ひだ舐めを掻き回して……その有無を言わさぬ快感の波状攻撃が、あっという間に私の躊躇を吹き飛ばしてしまいました。

「ああっ……愛子さんっ……！」

私は喘ぐようにひと声そう言い放つと、彼女の股間にむしゃぶりつき、一心不乱に愛戯を繰り出し、その淫靡な行為に没入していきました。

何分、同性の性器に相対するなんて生まれて初めてのことで、最初はどうすればいいのかよくわかりませんでしたが、愛子さんの反応を窺ううちにコツも摑めてきて。大きめのクリ豆を吸いしゃぶり、指と舌で掻き回しながら肉ひだに精いっぱいの快感を注ぎ込んでいきました。

「あひっ、ひあっ……ああっ！　みなみさん、いいわぁ〜〜〜っ！」

「んあぁっ！　愛子さん、愛子さん！　あ、あたしもっ……キモチよすぎて死んじゃいそぉぉ〜〜〜〜っ！」

それからさらにたっぷり一時間半、私たちは女同士のセックスに没入し、何度イッたかわからないほどのオーガズムを味わい合い、激しく甘美に愛し合ったのでした。

「ありがとう、みなみさん。これでもう思い残すことはないわ」

その日が愛子さんとの最後の別れになりました。

女同士のセックスは、それはもう最高の体験でしたが、この先、愛子さん以外の女性と関係を持つことはないでしょう。

それが私なりの彼女の愛情に対する仁義だと思うから。

■相手はペニスを振り立てながら、私の股間に顔を突っ込むと遮二無二舐め回し……

万引きGメンに捕まり見逃す代価に肉体を要求されて！

投稿者　赤嶺沙紀（仮名）／33歳／公務員

最近、まる三年付き合ってたカレシに、「おれ、おまえの他に好きな相手ができたから」って、いとも簡単にフラれて……そのショックと怒り、そして悲しみのあまり、つい魔が差したんです。

県庁での勤め帰りにフラリと立ち寄った書店。

そこで、大して欲しくもない千円程度の女性誌を、持ってたトートバッグにこっそり滑り込ませて……そのままお金を払わずに店外へ出てしまいました。

そう、万引きしちゃったんです。

それで失恋してむしゃくしゃした気分が、少しスッキリしたのはいいものの、しっぺ返しはすぐにやってきました。

「ちょっとあなた、そのバッグの中の本、お金払ってないよね？」

くたびれたスーツを着た、ごく普通の中年サラリーマンにしか見えない男性がいきなり私の腕を掴み、そう言ってきたんです。

「……え？　へ、変なこと言わないでください……っ」

私はとっさにそう言ってしらばっくれようとしましたが、相手は毅然としたまま、

「いいから、いいから！　話は事務所で聞くから！　さあ、一緒に来てもらおうか」

書店の店員さんのようには見えないから、どうやら万引きGメンに捕まってしまったようです。私は今更ながら事の重大性に思い至り、恐れおののくあまり、言わなくていいことまでペラペラとしゃべってしまいました。

「ご、ごめんなさい！　ほんの出来心だったんです……ついこの前、手痛い失恋しちゃって……それでむしゃくしゃしちゃって……」

「カンケーないよ、そんなの！　ほら、こっち来いったら！」

「あ、あの、私……公務員なんです！　だ、だから、こんなことが公になったら、ホントにいろいろマズイんです……！」

その瞬間、相手の動きがピタリと止まりました。そして、何ともいえずイヤラシイ笑みを浮かべながら、こう言ってきたんです。

「ほう、公務員ねえ……そりゃますますよくないなあ。たしかに万引きしたなんてことがわかったら、まちがいなく新聞沙汰だなあ。最近お役所の不祥事多いからなあ

……待ってましたとばかりに『美人公務員、本屋で万引き！』ってな調子で、格好のマスコミの餌食にされちゃうよなあ」

そんなことになったら、私がクビになるだけじゃなく、職場にも大ダメージ……みんなにも大迷惑かけちゃう！　もう私の恐怖心は頂点に達していました。その挙句、私は相手にこう懇願してしまっていたんです。

「お願いです！　何でもいうこと聞くから、見逃してください！　あなたの望むこと、何でもしますから……お願いしますっ！」

それを聞いて、相手の笑みがより醜く歪みました。

「ほう、何でも？　その言葉にウソはないな？　え？」

「は、はい！　ウソじゃありません！　本当に何でも……」

「じゃあヤラせろ！」

「……えっ!?　ヤ、ヤラせろ……って……？」

「セックスさせろって言ってるんだよ！　俺は半年前に女房と離婚してから、ずっと女日照りなんだ。溜まって溜まってしょうがないんだ！　それをアンタが解消してくれるっていうんなら、今日のこと、見逃してやってもいいぜ」

思わぬ条件提示に、私はうろたえ、葛藤しました。

「さあ、どうする？　いやなら警察沙汰、新聞沙汰だ」

「わかりました……あなたとセックスします！」

もう選択の余地はない……私は観念して、とうとうそう答えていました。

「よし、じゃあアンタのスマホ、よこしな。逃げられないように担保だ。俺の勤務、あと二時間で終わるから、そのあとまたここで待ち合わせだ。そのとき返してやるよ」

そして私は言われたとおりにスマホを渡し、二時間後、相手と待ち合わせてホテルへと向かったんです。

部屋に入るなり、相手は私の衣服を引きむしるように脱がせ、全裸になったカラダにむしゃぶりついてきました。

「うおお、生身のオンナのカラダ、久しぶりだあ……アンタ、マジいいカラダしてるじゃねえか！　やわらかくてでっかいオッパイ、プルプルだあ！」

喜色満面に言いながら乳房を力任せに揉みしだき、チュバチュバと乳首を吸ってきました。「うめえ、うめえ！　もうサイコー！」その荒々しい口唇愛撫は延々と続きました。すると、最初は恐れと嫌悪感しかなかった私でしたが、徐々に信じられない感覚が体内に湧き上がってきました。

そう、何を隠そう私も、カレシに直接別れを告げられる前から既にもう足掛け二ヶ月ほどセックスはしてもらえず、元々エッチ好きだった肉体の欲求不満の疼きを抱えているところだったんです。だから今、抑えつけていたその疼きがここぞとばかりにうごめきだし、性感が反応しだして……！

「……んあっ、あぁ……あふっ……！」

「うおっ！　アンタもこんなに乳首ビンビンにして……チョー感じてるじゃん！　嬉しいねえ！　やっぱどうせセックスするんなら、お互いに気持ちよく楽しんだほうがいいもんな？　ほらほら、じゃあオマ○コも舐めちゃうぜっ！」

相手はそこで改めて自分も服を脱いで全裸になると、もうギンギンに勃起しているペニスを振り立てながら、私の股間に顔を突っ込むと遮二無二舐め回し始めました。うねる舌先でクリトリスがヌチュヌチュとこねくり回され、濡れたヴァギナがレロレロ、シャブシャブと掻き回され……久しぶりに味わうたまらない快感の衝撃が股間で炸裂します。

「あひっ！　ひぃ……くはっ、あっ……んあぁ～～～っ！」

「さあて、じゃあ今度は俺のをしゃぶってもらおうかな。ほらほら、けっこうでかくてしゃぶり応えありそうだろ？　好きなだけ味わっていいんだぜ？」

もう、私の中には躊躇も抵抗もなく、己の昂りまくる欲望と興奮のままに差し出された勃起ペニスにむしゃぶりつき、一心不乱にフェラしていました。

「おおっ、スゲエ！　アンタ、なかなかのテクニシャンだなあ……うん、インラン公務員、サイコーだぜ！」

そして思う存分しゃぶらせたあと、私を四つん這いにさせると、背後に回ってバックから貫いてきました。ガツン、ガツンと尻肉にブチ当てられるように力強く掘削され、私の頭の中には際限なく快感の火花が弾け飛び……そしてあっという間にクライマックスがやってきました。

「あ、ああん……もう……イクイク！　イッちゃうの～～～～！」

「ああ、いいぜぇ……俺も……うぐっ……！」

挿入してからものの十分足らず、私たちはお互いにフィニッシュしていました。

そしてその後、どうなったかというと……実は二人、付き合ってます。

出会いのきっかけはどうあれ、結局、カラダの相性がバッチリだったということで……ま、こんななれそめも、あっていいんじゃないかな？

■彼女はその迫力満点の胸の膨らみを僕の胸にグニュニュッと密着させてきて……

満員電車の中、まさかの初心者痴女にねだられ翻弄されて

投稿者　山沖裕章（仮名）／29歳／会社員

僕、自分で言うのもなんですが、けっこうイケメンなもので、電車の中なんかでよく痴女に遭うんですが、ついこの間出くわしたのは、ちょっとこれまでとは違ってユニークで新鮮な痴女でした。

その日も朝の通勤電車は超満員で、僕ははなから座れるつもりはありませんでしたが、少しでも混雑度の低い位置取りをすべく、いち早くホームの先頭に並んだお陰で、ドア脇のちょうど座席手すりにお尻が当たる辺りのスペースを確保することができました。これでなんとか、ギュウ詰め四面楚歌とでもいうべき最悪の状況は回避できたというわけです。

僕は通勤カバンを網棚の上にあげ、ワイヤレスイヤホンを両耳に突っ込むと、お気に入りの音楽を音を絞って聴きながら、晴れて自由になった両手でスマホを操作して今朝のニュースに目を通し始めました。

と、そのときになって初めて、僕に正面から密着する形で一人の女性が立っているのに気づいたんです。

年の頃は僕よりちょっと上と思われる三十ちょっとで、その落ち着きのある服装はOLというよりも、働く人妻という印象を抱かせました。なかなかきれいな人で、なおかつその膨らんだ胸は、服の上からでもかなりの巨乳であることを窺わせました。

僕は内心ドキドキしながらも、極力平静を装い、そちらを見ないようにしていたんですが、そのとき、列車が揺れたわけでもないのに彼女の体重がググッとこちらにかかり、お互いの体が強烈に密着するのがわかりました。

（ええっ⁉）僕がドギマギしていると、僕より十センチばかり背の低い彼女が上目づかいで、周りには聞こえないような囁き声でこう言ってきたんです。

「あの、お願いがあるんですけど……私、今日初めてあなたのことを見て、すごく好きになっちゃって……もうお近づきになりたくて仕方なくて……それで、こんなこと生まれて初めてなんですけど……痴女させてもらってもいいですか？」

その声は、かろうじてイヤホンから聞こえる音楽よりも大きくて、なんとか内容を把握することができましたが、僕としてもこんな、見ず知らずの人から最初に痴女宣言されるなんて生まれて初めての経験だったので、どう反応していいのか困っていると、股間の辺りがサワサワ、ムズムズして……どうやら僕の返事を待つことなく、彼女は痴女行為を始めてしまったようです。

「ごめんなさいね。だって私、次の駅で降りなくちゃいけないから、あと時間が五分くらいしかないの。次いつ出会えるかもわからないし……ね、お願いだから私の好きなようにさせて！」

　彼女は言い訳するようにそう言うと、より強く体を押しつけ、その迫力満点の胸の膨らみを僕の胸にグニュニュッと密着させてきました。その日は小春日和でとても暖かかったので、僕はスーツの上着の前を開けていて……普段、Yシャツの下には下着をつけない主義なもので、彼女の胸のエロチックな圧力は、薄いYシャツ生地一枚を通しただけのより生々しい感触で僕の乳首をなぶってきました。思わずオスの本能が反応してしまいます。

「あ、大きくなってきた」

　ズボンの上の感触から僕の股間の状態を感じ取った彼女は、小悪魔のような笑みを浮かべながら、嬉しそうに言いました。そしてズボンのチャックを下ろして中に手を差し入れると、ボクサーショーツの上から僕の昂りを撫で回してきて……。

「……はぁ……」

思わず、僕の口から甘い喘ぎが洩れてしまいました。

「わあ、すごい。どんどん大きく……固くなってくる……すてき……でも、これじゃあ窮屈よね？　今ラクにしてあげるね」

「……あ、そんな……っ」

思わず洩れてしまった僕の抗いの言葉など素知らぬ顔で、彼女は今や完全に、イタイぐらいに張り詰めている男性器をズボンの外に引っ張り出してしまいました。

そして、ついに直接握ってしごきだして……。

「ちょっ……ヤバイです、こんなところでさらしちゃうなんて……周りの誰かに見られたら……」

「大丈夫よ。皆、スマホに夢中で周りのことなんて見てやしないわ。気にせず楽しみましょう？　ね？　……ああ、私も興奮してきちゃった」

確かに彼女の言うとおり、乗客の誰もが自分のスマホを見て、しかも大抵の人がイヤホンをしていて……ほぼ完全に周囲の状況をシャットアウトしていましたが、僕はそう簡単に開き直ることはできませんでした。

でも、だからこそ余計に羞恥心を煽られ、皮肉にも興奮度が増してしまって……。

彼女の手の握りが亀頭をこね回すようにくびると、その心地よい刺激にカラダがビクリと震え、たまらず熱い昂りが……！

「あ、先っちょがヌルヌルしてきた！　舐めてあげたいけど、さすがにここじゃ無理ね。ザンネン！」

彼女は僕の先走り液の粘つきを愉しむかのようにヌチュグチュと亀頭をこねくり回してきて……僕はその気持ちよさに悶絶しながらも、恥ずかしい音を周囲の誰かに聞きとがめられちゃうんじゃないかと、未だに気が気じゃありませんでした。

「はぁ、はぁ、はぁ……」

彼女のほうも声を潜めて喘ぎながら、ますます昂ってきているようです。

「ねえ、もっと気持ちよくしてあげるね……」

そうエロい声音で言うと、片手で男性器をしごきながら、もう片手は上のほうに上げて、僕のYシャツのボタンの一部を外し、内側に忍び込ませた指でコリコリとナマ乳首をいじくってきました。

「……あ、あ、そんな……っ……」

男性器と乳首への同時責めが、リズミカル、かつ絶妙の強弱で僕の性感を翻弄してきて……さらにより一層激しく、彼女が豊満な乳肉の圧力で攻め立ててくるものだから、一気に快感の奔流が僕の中でうずまき始めました。

「……んくっ、うう、……だめだ……もう出ちゃいそうです……！」

「ああ、ちょっと待って……いま……っ！」

「ううっ……はぁ、ぐっ……」

僕はとうとう、まさかの満員電車の中で射精してしまい、でもその放出を、彼女はとっさに取り出したハンカチでタイミングよく受け止めてくれて、衣服が汚れることはありませんでした。

「ありがとう……とても、よかった」

「ぼ、僕のほうこそ……」

そんな言葉を交わすうちに電車は次駅に停まり、彼女ははにかんだような笑みを浮かべながら降車していきました。

とてもびっくりしたけど、忘れられない一期一会になることでしょう。

■突きまくってくるカレの快感リズムに合わせるかのように、彼女が私の胸を……

まさかの旅先での初対面3Pで私とカレはラブラブ円満？

投稿者　平本架純（仮名）／20歳／専門学校生

この春休み、三つ年上のカレと二泊三日で旅行に行ったときの話です。

二人とも前から行きたかった箱根、最初はとっても楽しかったんだけど、ほんの些細なつまらないことでケンカしちゃってからは、なんだか険悪な雰囲気になってしまい……二日間連泊予定のホテルに着いたときには、お互いに口もきかない状態になっちゃってました。

で、ふてくされて部屋から出てこようとしないカレをほっぽって、私はひとりお風呂に入ろうと、浴衣に着替えてホテルの大浴場へと向かいました。

夜の十時すぎという時間帯のせいかもしれませんが、私の他に入浴客は一人もいなくて、のびのび感じる反面、ちょっとさびしくもありました。

ひととおり体を洗い、大きな温泉に浸かりながらリラックスして、たしかに私も悪かったかな、部屋に戻ったらカレに謝ろう、とか考え、あまりの気持ちよさに思わず

ウトウトしていると、

「こんばんは、いっしょにいいですか？」

と、声をかけてくる一人の女性がいました。

たぶん私より三つ四つ上ぐらいかと思われるきれいな人で、「あ、いいですよ」と答えると、私の隣りに並んで座る格好で湯船に身を沈めてきました。

彼女はサヤカさんといって、私が思ったとおり二十四歳のＯＬさんで、ここへは有休をとって旅行に来たとのこと。気楽なひとり旅が趣味だといいます。

美人なだけでなく、そのフランクな人柄に惹かれるままに、私もついつい自分とカレの現状について正直に話しちゃったんですが、それを聞いていたサヤカさんは、

「そっか……どれだけ好き合った恋人同士でも、たまにはそういうことってあるよね。気にしない、気にしない！　……でもまあ、そんなときはこういう気分転換もちょっといいんじゃない？」

と言いながら、その色白でスレンダーな体をピタリと私に寄せると、なんと湯船の中で私の乳房をもてあそびつつ、唇と唇を合わせてきたんです。

「……えっ!?　ちょ、ちょっと、何するんですか……？」

「まあまあ、いいから、いいから。私にまかせてよ」

　彼女は、私のとまどいをいとも簡単にいなすと、有無を言わせぬ流れるような手管で、私の唇を吸い、舌をからめて唾液を啜り、乳首をコリコリといじくってきて……私はいきなり仕掛けられたその見事なまでのレズテクに翻弄されるまま、朦朧とする意識の中、快感に声を喘がせてしまいました。

「んあっ、はぁ、あ……あうん……」

「そうよ、いいわ、とってもかわいい……ほらほら、もっと感じていいのよ」

　彼女の淫らなふるまいはますますエスカレートして、私の股間を開かせると、興奮にヒクつく肉びらに指を滑り込ませ、クチュクチュと掻き混ぜ、抜き差ししてきて……温かなお湯の気持ちよさと相まって、その心地よさときたらもう極上で、私はサヤカさんに口づけされたまま、昂る一方の肉の悦びに身を打ち震わせていました。

「……んあっ……はぁっ、あっ……あうぅ、うう……あああっ！」

「ああ、すごい！　あなたのココ、私の指を易々と四本も呑み込んじゃって……いやらしいオマ○コ汁、温泉にいっぱい垂れ流しちゃってるよ！」

「ん、あぁ、あふぅ……あ、ああ……イク、イッちゃう～～～～っ！」

　彼女の巧みな指テクでまんまとイかされた私は、しばし脱力……そんな私の裸の背中をやさしく撫で回しながら、サヤカさんはこんなことを言いだしました。

「ねえ、よかったら私のこと、そのカレにも紹介してくれない？　で、三人で仲良くしましょうよ。今日のケンカも、その原因のひとつには二人の間のマンネリ感もあると思うのよね。三人で楽しめたら、そんなマンネリ打破のいい刺激になるんじゃないかな？　もちろん、無理にとは言わないけど……」

きっとふだんの精神状態だったら、そんな、今日初めて会ったばかりの見ず知らずの女性を交えてカレと3Pするなんて、あり得なかったでしょう。

でもそのとき、未だ彼女から施された快感の余韻に酔いしれていた私は、ごく自然にこう思ってしまっていたんです。

もっとサヤカさんと気持ちよくなりたい！　カレも絶対に悦んでくれるはず！

そして私はうなずき、彼女の提案を素直に受け入れていました。

温泉から上がり再び浴衣に着替えた私と彼女は、その足で私とカレが泊まる部屋へと向かいました。

見知らぬ女性を伴って戻ってきた私を見て、最初はさすがにカレも驚きましたが、とりあえず招き入れてくれて、一連の経緯を聞きました（とりあえずエッチのくだりにはまだ触れずに）。

「うちの架純がお世話になったということで、どうもありがとうございます」

「いえいえ、お世話だなんてそんな……私のほうこそ、誰もいない浴場で話し相手になってもらって、とても楽しかったんですよ」

改めて三人でビールを酌み交わし合いつつ、カレとサヤカさんは当たり障りのない会話を交わし、私は内心ドキドキしながらその様子を窺っていたんですが、十数分後、いよいよ彼女が本題のアプローチを開始しました。

「ところでカレシさん、架純ちゃんとケンカしちゃったそうですけど、だめですよ、もっとやさしくしてあげないと……こんなカワイイ子、誰かに取られちゃっても知りませんよ？」

サヤカさんがそう水を向けると、カレは苦笑しながら答えました。

「いやあ、ほんと僕も反省してるんです。大人げなかったなあ、って。変なご心配おかけしちゃって、すみません」

「じゃあ、ちゃんと仲直りしましょ？　三人で」

「……はあ……三人で、ですか？」

彼女が発した意味不明の言葉にとまどいを隠せないカレでしたが、にじり寄るサヤカさんの不穏な空気に気圧されつつ、何かを察したようでした。そして素直に彼女の口づけを受け入れ舌をからませ合い、同時に背後から私に耳朶を噛まれ、その身をビクッと震わせました。

そうしながら、私とサヤカさんはカレの着ていた浴衣の帯をほどくと前をはだけさせ、そのまま、すでに敷かれていた布団の上にカレの体を押し倒しました。浴衣の下に下着はつけていなかったためカレの性器はすでに丸出しで、しかも早くもビンビンにフル勃起していました。

「まあ、大きくてとってもステキなオチン◯ン……おいしそう！」

サヤカさんはそう言うと、自分も浴衣を脱いですっ裸になり、美しいスレンダー・ボディを見せつけながらカレの性器を咥え込み、まるで昔観たことのあるアダルト動画の女優さんのような攻め攻めの牝豹フェラで、激しくしゃぶりたてました。

「……うっ……んぐぅ……す、すごい……ヤ、ヤバイ……」

身を大きくのけ反らせて喘ぐカレを見ているうちに、私のほうもたまらなくなり、浴衣を脱いでカレの顔の上にまたがると、その口に剝き出しのアソコをグリグリと押しつけました。カレもすぐにそれに応えて、肉びらに舌を突っ込んでくれて。

「あ、あ〜ん……いいわぁ……感じる〜〜〜っ！」

そう言って喘ぐ私を見てニヤリと笑うと、サヤカさんはちょうど私と向き合う格好でカレの股間にまたがり性器を自ら挿入し、逆レイプばりに騎乗位で激しく腰を振り始めました。

「あ、ああっ……深いっ！　奥までくるぅっ！　あああん……」

「あん、あん、ああっ……私もイイ〜〜〜〜ッ！」

私とサヤカさんはカレの上で二人向き合って乱れまくり、さんざん楽しんだあと、今度は私が布団の上に寝そべり、カレが正常位で挿入してきました。

「ああ、架純ぃ……好きだよ〜……あ、ああ……はっ、はっ、はっ……」

ガンガン突きまくってくるカレの快感リズムに合わせるかのように、サヤカさんが私の胸を揉みしだきながら、チュッパチュッパと絶妙の強弱で乳首を舐め吸ってくれて……もう、チョー立体ダブル攻撃ってかんじ？

そんなふうに三人でくんずほぐれつしながら、私たちは夜中の三時すぎまで求め合い、愛し合い……たっぷり満足したあと、サヤカさんは去っていきました。

この日以降、私とカレの間のケンカは少なくなったように感じます。

神様、いい出会いをありがとうございました、ってかんじでしょうか？

■私も彼のを舐めしゃぶっているだけで、アソコが熱く疼き、トロトロにとろけて……

亡き父の面影を宿すその人と何度も何度も愛し合った一夜

投稿者 藪内リカ（仮名）／32歳／パート主婦

最初にその人を見た瞬間、私の心臓はドキンと跳ねてしまいました。

なぜなら、私が十歳のときに事故で亡くなった父に、雰囲気がとてもよく似ていたから。当時、私は完全なお父さん子だったものだから、それはもうショックで悲しくて……憔悴のあまり、丸一週間、何も食べものが喉を通らなかったほどです。

亡父は享年四十歳。

その人、桜井文寿さん（仮名）も、今現在四十三歳ということで、年の頃的にも私の大切な想い出の中の父と多分に重なるものがありました。

あ、申し遅れましたが、私は五歳の息子と夫と暮らす主婦で、家の近所の大型ディスカウントストアでパート勤めを始めてもう二年になるのですが、桜井さんはつい三ヶ月前にアルバイトとして入社してきた、いわば私の後輩ということになります。

四十三歳の新人アルバイトということで、初めはちょっと訝しく思いましたが、周囲から洩れ聞いたところによると、桜井さん、元々は某大手企業の管理職だったのが、この長引くコロナ禍の影響下で会社が記録的な業績悪化に陥り、そのあおりを喰らってリストラされてしまったということでした。それで、次の就職先が見つかるまでの間、少しでも稼がなければと、うちの臨時アルバイトの求人に応募してきたと。

そして、これもやはり何かの縁だったのでしょうか……彼は私と同じ売り場担当となり、先輩である私が直接、仕事のあれこれを教えることになったのです。

私はちょっと危惧していました。

たしかに雰囲気は、やしくてかっこよかった父を思わせるものがありましたが、何せ大きな会社の管理職だった人です。いい年をして一介のアルバイト風情に身をやつし、プライドとか自己憐憫とか……きっといろいろと複雑な思いがあるであろうことは、十分想像できます。だから、変にひねくれて、私のいうことなんか素直に聞いてはくれないんじゃないかと思ったわけです。

ところがそれはまったくの杞憂でした。

実際の桜井さんは、とても腰が低くて素直で一生懸命で、しかも気さくで明るくユーモア溢れる、実に魅力的な人だったのです。

私はがぜん、彼と一緒に働くことが楽しくなってしまいました。

……いえ、そんな言葉じゃ足りません。

想い出の中の父に似ているというよりも、もっともっとずっと、男性的魅力に満ちた彼に私はどんどん魅かれていってしまい……日々彼と職場で過ごす時間が、待ち遠しくて待ち遠しくてたまらない状態になってしまったのです。

そしてそれは、本当に至福の時間でした。

彼の人間性に触れれば触れるほど、その男性的魅力を垣間見れば垣間見るほど、私は際限なく彼に夢中になっていき……さらに、いつしか、彼の腕に抱かれたいとまで願うようになっていったのです。

二人の間の空気感で、きっと彼のほうも私と同じような気持ちを持ってくれているはずと、それなりの自信を持って思うようにもなっていましたが、さすがにそれを実行する勇気はなく……かなり悶々とした想いを抱きながら、時は過ぎていきました。

そして、恐れていた日がやってきてしまいました。

正式に再就職先が決まったということを、桜井さんが私に伝えてきたのです。

「薮内さんには本当にお世話になり、どうもありがとうございました。来月一日から次のところに行くことになりました。いっしょにお仕事するのもあと一週間……残り少しですが、どうぞよろしくお願いします」

私はショックと悲しみで動揺を隠せませんでしたが、必死に気を取り直して言葉を絞り出しました。

「おめでとうございます、よかったですね！　そ、それで……こちらこそお世話になったお礼に、ここでの勤めの最終日、私に桜井さんの送別会をさせてくれませんか？もちろん二人だけで……ご都合悪いですか？」

ドギマギしながらも、何とか伝えられた私の言葉を、彼は最初、ちょっとびっくりしたような顔で聞いていましたが、すぐにいつもの朗らかな笑顔になって言いました。

「都合が悪いなんてとんでもない。いや、どんなに都合が悪くたって、薮内さんのお誘いなら最優先させてもらいますよ。ありがとう……とても嬉しいです」

その瞬間、私のほうこそ嬉しすぎて、泣きそうになりました。

そして……永遠に来てほしくはなかったけど、一方では心待ちにしていた、一週間後がやって来てしまいました。

幸い、二人とも早上がりのシフトだったので、夕方四時から職場近くの居酒屋で送別の宴を始めました。夫には息子の保育園のお迎えを頼み、同僚の送別会でちょっと遅くなるかもしれないけど、十時前には帰るからと伝えていました。もちろんその同僚が男性で、しかもサシ飲みだなどということは、言うべくもありませんが。

初めての桜井さんとの二人きりのお酒の席は、それはもう楽しくて……彼のウイットに富んだ話術に大いに笑い、人間性を感じさせる真摯な言葉に深く感銘を受けながら、お店側に伝えてあった予定の三時間が、アッという間に過ぎてしまいました。

そのとき時刻は午後七時すぎ。まだまだ宵の口です。

もっともっと桜井さんといっしょにいたい！

強烈に離れがたい想いが募ります。

居酒屋を出て二人並んで歩きながら、私は思わず彼の腕に自分の腕をからめてしまいました。彼はそうされながらも何も言わず、ただ、少し潤んだような目で私の顔を見つめるだけ……。

言葉はいりませんでした。

ちょうど、そこから歩いて五分ほどの路地裏にラブホテルがありました。

私たちはどちらが言うでもなくそちらのほうへ向かい、ホテルのエントランスを抜けました。手早くチェックインし、一分一秒を争うかんじでフロントから一番近い部屋を選び、入室しました。

ドアを閉めるや否や浴室へ向かい、服を脱ぐと二人いっしょにシャワーを浴び、泡立てたボディシャンプーでお互いの体を洗い合いました。桜井さんの大きな手のひらが私の乳房を包み、キュウキュウと乳首をしごき上げながら、ヌルヌルと肉房を撫で回し、揉み込んできます。

「……あ、はあ……んくっ……」

私は思わず甘く喘ぎながらも、負けじと彼の乳首をコリコリといじくり、ペニスを握り込むと亀頭のくびれをクチュクチュとこね回しつつ、竿をニチュニチュと上下にしごいて……玉袋だって転がしちゃいます。

「う……んっ、ふぅ……ああ、薮内さん、とてもいいよ……」

「いやっ、リカって下の名前で呼んでっ！」

「ああ……リカッ、いいよっ！」

お互いにテンションが上がり、性感が昂るに従って、言葉からですます調が消え、名前が呼び捨てになり……「ああっ、リカのオッパイ、舐めたいっ！」桜井さんがそうなるように言うと、シャワーのお湯を出し、お互いの体を覆っていた泡をザーッと洗い流しました。

そして、桜井さんが私のオッパイにむしゃぶりつき、乳房をワシワシ、ムニュムニュと揉みしだきながら、乳首を中心に舐め回し、吸い上げ、甘噛みしてきて……。

「んああっ、はぁ、あっ……んくはぁっ！」

私はその怒濤の快感に喘ぎ、喜悦の悲鳴をあげてしまいます。

もちろん、私だって黙ってはいられません。彼の前にひざまずくと、もう破裂しそうなほどビンビンに勃起しているペニスを咥え、私にできるテクのすべてを総動員してしゃぶりたてていきました。大きな飴玉を味わうように亀頭をねぶり回し、蛇がとぐろを巻くように舌を肉竿にからみつけて舐め啜り、玉袋をズッポリと口内に含むとクチュクチュ、ジュプジュプと転がしもてあそんで……。

「んああぁっ！　リカッ……すごいっ！　気持ちよすぎてとろけちゃいそうだよ……あ、ああっ……！」

私のほうも桜井さんのを舐めしゃぶっているだけで、アソコが熱く疼き、トロトロにとろけてきてしまって！

もう、欲しくて欲しくてどうしようもありませんでした。

私はシャワーの栓を締めると、彼の手をとり浴室を飛び出して、ベッドルームへと引っ張っていきました。

そして二人、つんのめるようにベッドの上に倒れ込むと、私は自ら大きく股を開いて桜井さんの挿入を懇願していました。

「ああん……早く、早くそのおっきなオチン〇ン、私のここにちょうだい！　子宮に届くほど奥まで突っ込んでぇっ！」

「ああ！　リカ！　いくよ、入れるよ！　……んっ、んんんぐっ！」

いよいよ待ちに待った桜井さんのペニスが私の濡れた花弁を押し開き、グググッと膣の奥深くへと突入してきました。

正直、その大きさは、その固さは、夫に劣っていたかもしれません。

でも、私の彼に対する熱い想いの前では、そんなこと大した問題ではなく、そのとき、私は世界でいちばん気持ちいいセックスをしていたと断言することができます。

「あ、ああっ……イク～～～～～～～～ッ！」

「ああ、リカ、リカ、リカ～～～～～～～～ッ！」

そうやって、私たちは時間の許す限り、何度も何度も愛し合いました。

この夜の想い出を永遠に胸に刻もうとするかのように。

桜井さんの新しい門出が素晴らしいものになるよう、ただひたすら祈るばかりの私なのでした。

■私は両脚でしっかりと先生の腰を挟み込むようにすると、グイグイと締め上げて……

グレた私を立ち直らせてくれた先生との愛の訣別セックス

投稿者 紅林瑠衣（仮名）／26歳／OL

今から九年前、私が高校二年生のときの、と〜っても若気の至りな話……もう時効だと思うから、話しちゃいますね。

当時私は、地元の県立の普通科高校に通ってたんですけど、親が離婚したこともあって、ぶっちゃけ相当グレてました。

授業なんてほとんどまともに出ず、札付きの悪い友達とつるんでは、夜な夜なろくでもない盛り場をうろついて……お金欲しさに援交だってやってて、どこの誰かも知らないハゲオヤジが五万くれるっていうものだから、そのときサックリ処女もロストしちゃいました。

その頃、別に処女を捧げたいぐらい好きな相手もいなかったし、まあいいかって……どうせいつかは失くすもんだし。

そしてそのことが、後々思いもよらない幸運を私にもたらすことになりました。

その顛末は、こういうかんじになります。

実は私、春の異動でうちの高校にやってきた、新任の酒井一馬先生（仮名／二十八歳）のことが、好きで好きでたまらなくなっちゃったんです！

きっかけは、やはり夜の盛り場での出来事でした。

例によって、その辺のちょっと金持ってそうなリーマンオヤジに、援交の話を持ちかけてたら、ちょうどそこを酒井先生に見つかっちゃって。どうやら先生、私の悪いウワサを聞いて、わざわざ見回りに来たらしいんです。

そのとき一緒にいた他校の悪い仲間たちは一目散に逃げちゃって、一人捕まった私はとりあえず近所のファミレスに連れてかれて、そこでこってりと先生に説教されることに……でも、そのときの先生の熱意が、ああ、本当に私のことを思って言ってくれてるんだなあって、ビシバシとハートに響いてきたんです。それまで、そこまで真剣に向き合ってくれた先生なんていなかったから……。

私は、酒井先生のためにもまともにならなきゃと固く心に誓い、そして同時に、先生のことがたまらなく好きになっちゃったというわけです。

でももちろん、そんな生徒思いの熱血漢な酒井先生だからこそ、私の想いなんかに応えてくれるわけがありません。私は何度撥ね返されてもあきらめずに、

「先生のことが好きなの！　私とつきあって！」

と訴えたんですが、先生は頑として「俺は教師で、おまえは生徒……絶対にありえないよ」と、相手にしてくれませんでした。

でも、そうされればされるほど、私の情熱はますます燃え上がっちゃって……ある日とうとう、こんなことを言って、酒井先生に詰め寄ったんです。

「先生が私の想い、受け止めてくれないんなら、私、また援交する！　でも、もし受け止めてくれるのなら……もう二度と援交なんかしない！」

しばらく私の眼をまっすぐにじっと見たあと、ようやく私の本気度が伝わったのか、先生はこう言ってくれました。

「……わかった。でも、一回だけだぞ。俺とおまえはこの先もずっと、あくまで教師と生徒。恋人同士になるわけにはいかない。それでもいいか？　それでも金輪際、援交はしないと約束してくれるか？」

私は約束しました。一回でもいい。先生が私の想いに応えてくれるのなら、私は命を懸けて二度と援交はしないと心に誓いました。

そしてある日曜日、私と先生は、二人でいるところを誰か知り合いに見られるリスクを避けるべく、地元から駅五つ分ほど離れた馴染みのない土地の、これまた場末のひなびた喫茶店で待ち合わせ、それから歩いて近くのホテルへ向かいました。もちろん、私の格好は私服です。

ホテルの部屋に入ると先に先生がシャワーを浴び、私はそのあとからじっくり時間をかけてカラダの隅々まで洗い、お気に入りの香水を軽く振りかけました。

ベッドでは、すでに先生がシーツを腰の辺りまで引き上げた格好で、私が来るのを待ち受けていました。私は全裸の胸と股間をそれとなく手で隠しながら、ゆっくりと近づいていくと、シーツをめくり上げてベッドに上がり、先生の横に身を滑り込ませました。そして、柔らかく暗めに設定したオレンジ色の照明の下、先生の目を真正面から見据えてこう言いました。

「先生、今日は本当にありがとう。私の願いを受け入れてくれて……」

「くどいようだけど今日限り、この一回だけだぞ」

先生の言葉に、私は重々わかってはいるけど、少しせつなげな笑みを浮かべて……でも、続いた言葉に思わず胸が熱くなりました。

「一回だけ……でもその代わり、おまえのこと、全力で愛するから」

私はおもむろに先生の首に両手を回すと、激しくキスしていました。

むさぼるように唇を吸いしゃぶり、口内をくまなく舐め回すと、舌をからめてジュルジュルと唾液を啜り上げて……延々とそうしているうちに、カラダのほうもどんどん昂ってきました。

ピンと立って敏感になった乳首に先生の手が触れ、指先でもてあそんできます。

「……んあっ、はぁ……あ、ああ……先生………」

「大丈夫か？　痛くないか？」

乳首を愛撫しながらそう気をつかってくれる先生に、私は甘く喘ぎ返します。

「ううん、痛くなんて全然……とっても気持ちいいです……あ、ああ……」

そうしながら手をシーツの中に潜り込ませてみると、熱くて固い、大きなものに触れました。もちろん、先生のペニスです。

（ああ、先生もこんなに興奮してくれてる……嬉しいっ！）

私は浮き立つ気持ちのままに、その愛しいペニスを掴むと、シュッ、シュッと上下にしごき始めました。するとそれはますます固く熱く、大きくなっていって……そのうち先端から滲み出してきたヌルリとした液が、私の手を濡らしました。

今までエッチした何人かの援交相手とも、こういう経験はありましたが、それらがただただ気持ち悪いだけだったのに対して、これは全然違っていて……自分の手を濡らす先生の体液が、もう愛しくて愛しくてしょうがありませんでした。

そしてその愛しさが高じたあまり、私はシーツをめくり上げると、先生の股間に顔を突っ込み、勃起ペニスにむしゃぶりついていました。

（自分からこんなことして……インランと思われるかな？　でもいいや！　先生のを舐めてあげたくて仕方ないんだもの！）

「あ、ああっ……紅林、そ、そんなことしなくても……ううっ……」

私のフェラに感じて悶えながらそういう先生に、私は声を飛ばします。

「やだっ！　紅林だなんて……瑠衣って呼んでっ！」

「あ、ああ……瑠衣……」

先生はそう名前で呼んでくれながら、ガバッと身を起こすと、私の体を軽々と持ち上げ、動かして、シックスナインの体勢にしてきました。そして先生のほうも私の股間を舐め可愛がり始めてくれて……。

「んあっ！　あ、ああ……先生、いいっ……気持ちいいよう！」

「ああ、瑠衣……俺もすごくいいよ……よすぎてもう出ちまいそうだ……」

さんざんしゃぶり合ってる中で、先生ったらそんなこと言うものだから、私は慌てて身を起こして訴えました。

「いや！　だめよ、今出したりしちゃ！　出すんならちゃんと私の中で出して！」

だからといって、もちろん中出しなんてしてくれるわけもなく、先生はコンドームをペニスに嵌めて。でも、それで十分！　私は両脚でしっかりと先生の腰を挟み込むようにすると、グイグイと締め上げながら、先生の挿入をよりカラダの奥深くで感じようともう無我夢中でした。

そして……、

「ああ、瑠衣っ……先生、もうっ……！」

「ああん、いいわ……きて、きてっ！　私も……イク～～～～～ッ！」

私たちはこれ以上ないほど気持ちよく、充実感満点のフィニッシュを迎えていました。私も、もう思い残すことはありません。

その日を最後に私は先生への想いを断ち切り……でも後ろ髪を引かれるような気持で、卒業したのでした。

追記。あとで先生に聞いたら、あのとき、もし私が処女だったら、さすがに責任が重すぎてエッチはできなかっただろうって。あ～、マジ、援交でさっさとロストしておいてよかった！（笑）

■痴漢はますます大胆に、今度はパンストの中に手を突っ込んで直接私のアソコに……

ポルノ映画館の暗闇に響き渡る二人の女の淫らな喘鳴

投稿者　友田理香子（仮名）／35歳／歯科医師

二年前、同じ歯科医師の夫と離婚して、今はバツイチ独身の私。

今日は、マッチングアプリで知り合った、自称・大学教授の四十五歳の男と待ち合わせて初めてのデートの約束だったのだけど、どうやらバックレられたみたい。まあ、よくあること。

急に予定が空いてしまった私は、さて、どうやって時間つぶそうかな～……と考えながら、夜八時すぎの街中を歩いていた。なんだかあんまり食欲も湧かないし、どこかの店に独りで飲みに入ってナンパ待ちっていうのもな～……なんて。

そう、今日の私は、なんだかエッチに飢えた気分だったのだ。

例のバックレた相手がプロフに『エッチにはかなり自信がある』なんて書いてあったもんで、私ってば知らず知らずのうちにちょっと期待しちゃってたみたい。

と、そんなふうにモンモンモヤモヤしたものを抱えながら歩いていた私の目に、照明に照らされたある看板が飛び込んできた。

『みなぎる欲望、あふれるエロス！　特選ピンク映画三本立て！』

そこにあったのは、なんと今ドキ、クラシカルなポルノ映画館だった。

今やネットで誰もが、無修正のアダルト動画をいくらでも手軽に観られる時代、こんな古めかしいポルノ映画をわざわざ観に来る奇特な人なんているのかしら？

頭ではそんなふうに冷笑的な思いを抱きながら……でもその実、それは私のハートを揺さぶって放さないものがあった。

館内を満たす妖しい暗闇と、カビ臭く澱んだ空気。

おそらく現実のお相手がいないゆえに、スクリーンの中に自分を投影し、募る欲望をぶちまけようとやってきた、不特定多数の男たち………。

そんな怒濤のイメージの奔流が私を呑み込み、押し流し……気がつくと、私は券売機で入場券を購入してもぎりの年配女性に渡し、ちぎられた半券を手にしていた。

当然、ここでリアルなエッチなど期待していたわけでは決してないけど、このえも言われぬ淫らな空間に身を置き、場内を震わす欲望のバイブレーションに浸ってみたい……そんなふうな欲求にとらわれたのだと思う。

明るいロビーから、重々しいスチール製の両開きドアを開けて暗い場内に足を踏み入れると、スクリーンに反射する光を浴びて、あちこちにばらけて座る十人ほどの観客の姿が目に映った。もちろん、全員男性……かと思ったら、なんと一人、髪が長くスカートを穿いた女性らしき人がいるではないか！　私は驚きつつも、なんとなく安心して（？）、彼女の近くの座席を選んで腰を下ろした。

そして観始めた映画は、大したストーリーもなく、役者の演技も決して上手いとはいえないろくでもない代物だったが、さすがにメインである男女のセックスシーンだけは迫力満点で、私は思わず食い入るように見入っていた。男優、女優ともにとてもいいカラダをしていて、なるほど、演技力など二の次でいいわけだ。

と、視界の端で、例の彼女の座席のほうの様子が何やらおかしい雰囲気が感じられた。「う、うう……うん……んくっ……」という切羽詰まったようなくぐもり声が洩れ聞こえ、ゴソゴソと身じろぎする気配が伝わってくる。

怪訝に思った私が改めてそちらのほうを見てみると、そこで繰り広げられている驚愕の光景に、目が釘付けになってしまった。

なんと、彼女を真ん中に挟んで両隣りの座席にそれぞれ陣取った男たちが、左右から彼女の体をまさぐっていたのだ。二人はまるで手分けするかのように彼女の片方ずつの乳房を揉みしだきながら、片脚ずつの内腿に手を滑り込ませ、撫で回している。

(うわっ！　あの人、痴漢されてる！　どうしよう？　助けなきゃ……)

私はとっさにそう思い、焦りまくってしまったが、よくよく様子を窺ってみると、あれ？　何か違和感が……？

「……んあっ、ああ……はぁ、あん、あうぅ……」

さっきは切羽詰まって、どこか苦し気に聞こえていた彼女の喘ぎ声が、実は気持ちよさげに悶える、喜悦の響きを帯びていたことがわかったのだ。

(ええっ！　あの人、痴漢されながら……嬉しそうに感じてる？)

それは、これまで電車内などで何度か痴漢被害に遭い、そのたびおぞましい恐怖と嫌悪、そして羞恥心しか感じなかった私の体験的に、とても信じられないものだった。

そしてここにきてようやく思い当たった。

(ひょっとして彼女、わざわざここに痴漢されに来てるんじゃない？　いや、そうに違いない！　あの悦び方はそれ以外に考えられない……)

そりゃあ確かに私も、どうしようもなく淫靡な雰囲気に身を置きたくて、ここに入っちゃったわけだけど、さすがに見ず知らずの相手に痴漢されるのはちょっと……。

そんなふうに混乱しつつ、それでも彼女の痴態から目を離せなかったのだけど、そのとき、さらなる衝撃が私を襲った。

いつの間にか、私の視線とは反対側の隣の座席に誰かが座り……スカートの中に手を突っ込んで太腿を撫でさすっていたのだ。

（えぇっ……ちょ、ちょっと、ちょっと！　私は別にそんなつもりじゃ……！）

必死に心の中で変に言い訳じみた訴えを発していたけど、そんな私をあざ笑うかのように、痴漢の手はさらに私の太腿の付け根奥まで達し、パンストの上から股間をクニュクニュと揉み込んできて……私は、自分の意に反して、えも言われぬ快感が湧き上がってくるのを押しとどめようがなかった。

「んあっ……あ、あう……や、やめてくださ……い……」

それでもなんとか拒絶の言葉を絞り出した私だったが、相手は、

「ふふ、そんなこと言って、ここはもうヌレヌレだよ。あんただって向こうの彼女とおんなじ、こうされたくてここに来たんだろ？　もっと素直になりなよ」

と、まったく意に介さず、ますます大胆に、今度はパンストの中に手を突っ込んで直接私のアソコに触れ、指先を妖しくうごめかせてきて……ヌチュ、ジュク、クチュと、あられもなく淫らな音が響き渡ってしまう。

「……ああっ、あふ……くうっ……！」

思わず顔を伏せてしまいたくなるような羞恥心に苛まれながら、だからこそ余計に

燃え上がるエクスタシーの奔流に飲み込まれ、ますます高まる私の淫声。

するとそこへ二人目の男がやってきて、一人目とは反対側の座席に座ると、ジャケットの下に着た私のブラウスの前をはだけ、ブラも外すと、暗闇の中でほの白く浮かび上がった丸い乳房を揉みしだき、乳首をこね回してきた。

「ううっ……はぁっ、ああ……んくぅ………」

上と下のダブルのカイカン波状攻撃を受けて、私の性感はいよいよ際限なく昂っていって……ついにオーガズムがやってきた。

「ああっ、あっ……イ、イク～～～～～～ッ！」

と絶頂の喘鳴をあげた、そのときだった。

「んあぁ……イクイク……ああああぁぁぁ～～～～～っ！」

ほぼ同時に、向こうの彼女の喜悦のヨガリ声が場内に響き渡った。

快感の余韻に浸りながら、惚けたようにその様子を見ていた私に向かって、彼女はニヤリと淫靡な笑みを浮かべたのだった。

第三章

出逢いと別れのセクシャリティー

■またがった私に向かって彼も出来得る限りの動きで腰を突き上げてきて……

一目惚れした入院患者の上で狂ったように腰を振った私

投稿者 草壁リカ（仮名）／26歳／看護師

私、まあまあ大きな整形外科病院でナースをしてるんだけど、バイクの事故で大腿骨骨折という重傷を負い入院してきた一人の男性患者さんに、秒で一目惚れしちゃったんです。

彼は春馬さんといって、亡くなった人気俳優さんと同じ名前のみならず、負けないくらいカッコイイの。私、一応カレシがいるんだけど、そんなの軽くかすんじゃうくらい彼に夢中になっちゃって……恥ずかしい話、ギプスをはめているためお風呂に入れない春馬さんの体を清拭するため、そのはだけた裸の上半身を目にするだけでカラダの中がジュワッと熱くなって、そのたびにトイレに駆け込んではオナニーしちゃってたくらい。もう、とんだエロナース。

でも、そんな春馬さんも入院から一ヶ月弱が過ぎ、いよいよ退院のときが迫ってきました。

焦り、ジレンマに陥る私の心。

どうしよう……私、このまま何も告らないまま、彼とお別れしちゃうの？　彼のことを想う余り周囲の目を盗み、病院のトイレで垂れ流した大量の愛液をムダにするつもり？（ちょっと意味不明）

そして、いよいよ明日が退院という日の夜、私、決心したの！

この熱い想いを思いっきりぶつけるために、春馬さんに夜這いしちゃうって！

幸い、彼の家はなかなかのお金持ちらしく、病室は豪勢な個室で、一般病棟の相部屋のように周囲に気を遣うこともありません。

その日、私は当直じゃなかったんだけど、仲のいい同僚ナースのマミに事情を話して、こっそりシフトに入れてもらいました。ほら、家から直接、私服でやって来るより、いつものナース服で接したほうが、私も彼も、いろんな意味で盛り上がりそうな気がしたものだから。

そして消灯時間が過ぎ、院内の人の動きも沈静化した夜の十一時すぎ、私はいそいそと春馬さんの病室へと忍んでいきました。

彼に大声で応えられても困るので、ノックはしないの。

足音を忍ばせ、そっとドアを開けて……ベッドに寝転び、目を閉じてイヤホンで何かを聴いている彼の耳元に、大きめの囁き声で語りかけました。

「春馬さん、ねえ、起きてる？　あたし、ナースのリカよ」

「……えっ、ナースのリカって……草壁さん？　どうしたんですか？」

やはり春馬さんは眠ってはいなかったようで目を開け、すぐ顔の間近にある私の姿に驚きながら、そう訊いてきました。

「だって春馬さん、明日退院でしょ？　私なりにお別れの挨拶がしたいなって思って……ってゆーか、ずっと春馬さんのことが好きだったのっ！」

もうすっかり気持ちが昂っていた私は、いきなりストレートに告白しちゃってました。だって、もう残された時間は今しかないんだもの！

「えっ、ええっ？　そ、そうなんですか？　そりゃ僕も、草壁さんのこと可愛いナースさんだなって思ってたし、嬉しいけど……確か何かの会話の中で、カレシさんがいるって言ってませんでしたっけ？」

「そ、そんなのカンケーないのっ！」

私は彼の言葉にかぶせるようにそう言うと、その骨折箇所に負荷を与えないように気を遣いながらベッドの上に這い上がりました。退院できるとはいっても、まだ骨は完全にくっついていないため、ギプスは外せない状態ですから。

そして添い寝するように彼の脇に身を滑り込ませると、パジャマのボタンを外し、その裸の胸を撫でさすりながら、言いました。

「ねえ、春馬さんだってもちろん、カノジョさんいるよね？　あなたをその彼女から奪おうなんて気はさらさらないの！　ただ一回だけ、あなたとお別れする前に、抱いてほしいの！　セックスしてほしいのよ！」

「リ、リカさん……んっ……」

長々と私の告白を聞きながら、私にいじられた乳首が感応したのか、彼は甘い喘ぎ声をあげました。指でコリコリされながら、固く尖っていくのがわかります。

私はさらに畳みかけるように、顔を寄せると彼の乳首に吸いつきました。相変わらず指でのいじくりを止めないまま、その少し黒味がかった乳首をレロレロと舐め回し、時折軽く甘噛みして、彼の性感を煽り立てます。

「……んっ、んふぅ……あ、ああ……リカさん……」

ますます感度を上げていく彼の甘声に自分自身の昂りも感じながら、私は手を下のほうに伸ばすと、パジャマズボンの上から股間をまさぐりました。柔らかい布地を通して、真逆にカチカチに固く、熱く大きくみなぎった存在が感じられて……、

「あ、ああん……春馬さんのオチン○ン……ねえ、しゃぶってもいい？」

私が興奮のあまり声を上ずらせながら訊くと、

「ああ、リカさん……いいんですか……？」

彼は逆にそう問いかけ、それをもちろんＯＫの返事と受け取った私は、体を下のほうへずり下げていくと、パジャマズボンと下着をめくり下ろしました。途端に弾けるような勢いで勃起したペニスが飛び出して……ああん、たまんないっ！

ギプスを嵌めた関係で片方だけパジャマズボンを下ろせない特殊な体勢で、でもだからこそ異様な興奮を覚えつつ、私は彼のペニスを咥え込みました。そして無我夢中でしゃぶり立てて……！

「……んぐっ、んふっ、んじゅぷ、じゅぶぶ、あはぁ……はぁ、はぁ……じゅる、じゅるるるっ、あぶっ、んぶぅ……！」

「あ、ああ、リカさん……す、すごいっ！　チ○ポ、とろけちゃいそうだ……あ、あっ……も、もう、イッても……？」

「……ぷはっ！　だ、だめよ！　イクなら私のオマ○コの中でイッて！」

私は慌ててペニスを口から放すと、ナース服を脱ぎ捨てて全裸になり、春馬さんの腰の上に馬乗りになりました。そして勃起ペニスを指で支え上向かせながら、もうすっかり十分に濡れてしまっているアソコでジュブジュブと呑み込んでいきました。

「あ、ああっ……春馬さんの固くて太くて熱いのが……入ってくるぅ……！」

「んあっ、はあっ……リ、リカさんっ……！」

春馬さんのペニスは私の中でますます激しくみなぎり、彼も出来得る限りの動きで腰を下から突き上げてきました。そして、

「ああっ、もうダメだっ！　で、出ちゃうぅ！」

彼はそう喘ぐと、腰を思いっきり反らせて、私の中に大量の熱い奔流を注ぎ込んできたのでした。

「あ、ああ……あぁ～～～～～っ……」

入院の禁欲生活でよほど溜まっていたのでしょう。彼のフィニッシュはあまりに早すぎて、残念ながら私はイクことができなかったけど……それでもいいんです。募りに募った彼への想いは遂げることができたから。

翌日、晴れ晴れとした気分で春馬さんの退院を見送った私なのでした。

■私は先端から滲み出るカウパー液の魅惑の苦みを味わいながら、無我夢中で……

バイト初日でクビになった彼の若いSEXをむさぼって

投稿者 加藤里奈（仮名）／28歳／ファミレス勤務

某有名ファミレスチェーン店で働き始めて、早五年。アルバイトから始めて、つい去年、店長からの勧めもあって正社員になった私。これからは通常業務に加えて、アルバイトの指導なんかも、ちゃんと責任感を持ってやっていかなくちゃね、と思いも新たにしたところだった。

「今日から勤めることになったアルバイトの木村くんだ。加藤さん、いろいろ教えてやってくれ」

「木村武（仮名）です。よろしくお願いします」

「加藤です。よろしくお願いします。がんばってね」

新人アルバイトの木村くんは、二十歳の大学生。一八〇センチ近い長身で、なかなかのイケメン。こりゃこれから彼目当ての女性客が増えそうね。店長から彼を紹介されたとき、私はのんきにそんなことを思ってた。

ところが、勤務初日から彼はとんでもないポカをやらかしてしまったのだ。

ある初老の一人客女性の接客応対にあたって、こともあろうにため口を聞いて怒らせてしまい、私が彼に代わって平謝りするはめに。

それだけならまだしも、彼のことを気に入って馴れ馴れしくしてきた若い女性客に向かって「うるせえよ、ブス」と言い放ち、もう相手はカンカン！　私のみならず店長まで雁首をそろえて、土下座せんばかりの大騒ぎになってしまった。

そして結局、

「木村くん、どうやら君に接客仕事は向いてないようだ。今日はこのまま退勤して、明日からもう来なくていいよ」

と初日早々、店長からクビ宣告されてしまう始末に。

ま、あれじゃあ無理もないかな。

私はちょうどその日、早番勤務だったこともあり、さすがに落ち込む木村くんを慰めようと声をかけた。

「ねえ、私も今日はもう上がりだから、これから気分転換に二人でちょっと飲みに行かない？　おごるわよ」

「はあ……いいんすか？」

「いいって、いいって！　さ、行くわよ！」

私もまだ未熟なアルバイト時代、似たようなヘマを何度もやらかしたことがあって、彼のことをそのまま放っておけなかったのだ。ま、かと言って、もしこれがもっとイケてない男子だったら、声はかけてないと思うけど（笑）。年増のスケベ女ってホントいやねー（笑笑）。

そして前に何度か行ったことのある居酒屋に彼を連れていき、そのグチのような人生相談のような、若者にありがちな身勝手な心情の吐露を聞きながら、私は相槌打ったり、諭したり、いさめたりしつつ……結局、二人で二時間ほど飲んだ。

「じゃあね、あんまり落ち込むんじゃないわよ。気持ち切り替えて、明日からまたがんばろー！　じゃあ元気でね！」

そして夜九時頃、店を出た道端でそう言って別れようとすると、木村くんがいきなりこんなことを言ってきた。

「俺、このまま加藤さんと別れたくない。もっと一緒にいたい」

と、子犬のように愛らしい目で私のことを見つめてきて。

ズキューン？

スケベな年増女のハートは、いとも簡単に撃ち抜かれてしまった。

ごく自然につながれた彼の手に導かれるまま、私はネオンきらめく夜の街を抜けて……気がつくとラブホの部屋の中にいた。

そして彼は流れるようなスムーズさで私の服を脱がし、自分も手早く裸になると、二人いっしょにバスルームへ。手にとったボディシャンプーをたっぷりと泡立て、それをお互いのカラダの隅々まで塗りたくって。

彼の手が私の胸の膨らみのラインに沿ってネットリと撫で回してくると、とろけるような甘美な感触に包まれて……。

「……あ、ああん……はぁ、あ、ああ……」

「柔らかくて、しっとり吸いつくような肌で……ああ、加藤さん、とってもすてきなオッパイだ。最高ですよ」

木村くんの囁くような甘い声に耳朶をなぶられ、私の性感はますます高まっていく。

私も負けずに彼の乳首をヌルヌルと愛撫した。細身だけどしっかりと筋肉のついた胸の突起は意外に小粒で可愛らしかったけど、私の指先であっという間に固く大きく尖ってきた。

「ああ、加藤さん……っ！」

気がつくと、私のお腹の辺りに固く熱くいきり立つ存在を感じて。

ビンビンに勃起した彼のペニスが、のたくり暴れているのだ。

片手で乳首をいじりつつ、もう片手でソレを握り込んでヌチュヌチュとしごいてあげると、彼のほうも私の股間のぬかるみに指を潜り込ませ、クチュクチュといやらしく抜き差ししてきた。

「あ、ああん……木村くん……いいわぁ……」

「あうぅ……加藤さん、俺ももう爆発しちゃいそうです……」

お互いに見る見る昂っていく中、私はもうたまらなくなって、シャワーのお湯を出して双方の体中の泡を洗い流すと、彼の前にひざまずき、その痛いぐらいに張り詰めた勃起ペニスを咥え込んでた。

「んじゅっ、じゅぷ、ぬちゅぷ、ちゅぱっ、じゅるるっ、んぶっ……」

真っ赤になって大きく張り詰めた亀頭を飴玉のようにねぶり回し、舌先をすぼめドリルのようにしてオシッコの出る穴をほじくり、ウネウネと太い血管の浮き出した肉竿を上下に何度も何度も舐め上げ、舐め下ろして……私は先端から滲み出るカウパー液の魅惑の苦みを味わいながら、無我夢中でしゃぶり立てて……。

さらに、そうしながら同時にタマタマの袋も揉み込み、転がし舐めてあげると、

「くっあぁぁぁっ！　ヤ、ヤバッ……で、出ちゃうっ……！」

感極まったような声をあげたかと思った瞬間、木村くんはビクビクと激しく身を震わせ、私の口内にドクドクッと大量の精液を放ってた。

「あ、ああ、あぁぁ、はぁぁ……」

木村くんの気の抜けたような喘ぎ声を聞きながら、私は、んぐ、んぐとその苦くて濃厚な粘液を飲み干して。

「ああ、加藤さん、すみません……俺だけさっさと出しちゃって」

申し訳なさそうにそう言う彼に対して、私はにこやかに応えてあげた。

「いいの、いいの。若いんだからしょうがないわよ。でも、若いんだからすぐに回復するよね？　さあ、もう一回しゃぶってあげるから、早くさっきみたいに固く大きくして私のココに入れて！」

「は、はい……」

自信なさげな顔だったけど、改めてベッドに場所を移し、さっきに輪をかけて激しい私のフェラテクで煽られまくった木村くんのペニスは、ほどなくまたたくましくフル勃起してくれた。

「そうそう、その調子よ……さあ、ソレを早くちょうだい！　私のココの奥深くまで突き入れて、思いっきり掻き回してぇっ！」

「……はいっ！」

そして私の肉ひだを割って深々と挿入されてきたペニスは、若いエネルギーのままにガツン、ガツンと激しいピストンで責め立ててくれて。しかもすでに一回出していることもあって、すっごい長持ち！　彼が二回目の射精をするまでの間に、私はなんと四回もイかされちゃってた。

「あ、ああん……あひっ！　も、もうダメェ〜〜〜！　死んじゃう〜〜〜〜！」

「か、加藤さんっ……俺もまたっ……んぐっ！」

最高のオーガズムを味わえて、私はもう大満足！

考えてみると、木村くんがもしバイト初日でクビにならなければ、私もきっとこんなおいしい目を見ることはなかったはず。

皮肉な話ではあるけど、とにかく彼の今後の奮起と活躍を願うばかりの私だった。

がんばってねーっ！

■彼は腰を小刻みに動かしながら私の口内を突き、私もそれに合わせて亀頭を……

次期社長と元カレと私のオトナな忖度3Pセックス？

投稿者　篠田望（仮名）／21際／和菓子店勤務

この春短大を卒業し、県内で六店舗を展開する、まあまあの規模の和菓子チェーン店に就職しました。当面の間は店頭に立っての接客販売がおもな業務になります。

ついこの間のことです。

創業社長の三人いる息子の中の長男で、次期社長最有力と目されている現営業部長の真也さん（三十二歳）が、本部からうちの店舗に視察に来ることになりました。

私はまだ真也さんに会ったことがありませんでしたが、

「時期社長の視察だなんて、ちょっと緊張しますね」

と、先輩女性社員に言うと、

「気さくで人当たりのいい人だから大丈夫よ。ただ……」

「ただ、何ですか？」

口ごもった彼女に訊ねると、

「かなりの女好きでね……奥さんと、子供が二人もいるっていうのに、これまで何人もの気に入った女性社員に手を出してきたっていう噂で……篠田さん、かわいいからそっちのほうに気をつけたほうがいいかもね」

「いいえ、そんな、私なんか……」

そう答えた私でしたが、さっきまでとはまた違った緊張感が胸に兆すのを感じたのでした。

そしていよいよ視察の日がやってきました。

開店から一時間後の午前十一時すぎ、駐車場に車が乗り着けられ、真也さんがお供の部下を引き連れて店を訪れました。

初めて見る真也さんはちょっと小太りですが、童顔で愛嬌があって、先輩女性社員が言ったとおり、たしかに気さくな印象を受けました。でも、私が驚いたのはその部下の男性のほうでした。営業部の若手だという彼は、なんと私の元カレの孝太郎(二十四歳)だったんです。

向こうも私の顔を見て驚いているようでしたが、それはもうお互いに心中は複雑なものがあって……さっき私は彼のことを元カレといいましたが、実はもっと割り切った……完全なるセフレ関係だったんです。お互いに別に本命の交際相手がいながら、一方でそのビックリするくらいジャストフィットしたカラダの相性が求め合うままに、かつては月二、三回ほどの頻度でエッチしてたっていう……本命の相手とはお互いにせいぜい月イチぐらいだったたっていうのに。

でも、もちろん、そんなことおくびにも出さず、私と孝太郎は初対面を装って挨拶し、私は真也さんのいろいろな質問に答えたりしつつ、およそ一時間弱の視察が終わりました。そしてこのあと昼食をとった後、本部に帰るという二人を見送り、ようやく緊張から解放され、ホッと一息ついた私だったのですが……。

それからものの十分後、いきなり孝太郎から店に電話があり、私は駅前のうなぎ屋に来るように言われました。真也さんの指示だという話でした。当然、拒否できるわけもなく、もの言いたげな目の先輩から許可を得た上で、私は指示に従ったんです。

そのうなぎ屋は店から歩いて五分ほどのところにある、地元でも有名な高級店でした。店に入ると有無を言わさず「うな重の松（特上／五千円！）」と注文され、私は恐縮しながらごちそうになったわけですが……案の定、その代価は高くつくことに。

昼食が終わっても私は店には帰らせてもらえず、車に乗せられました。

そして連れて行かれた先は、郊外のラブホ。

まさに先輩女性社員が言ったとおり、私のことをいたく気に入った真也さんがそのことを孝太郎に話すと、「僕に任せてくださいよ！」とばかりにわが胸をドンと叩いて私を呼び、この場をお膳立てしたというわけです。

　そりゃまあ、その後諸般の事情でセフレ関係を解消した私と孝太郎でしたが、なにせお互いに痒い、じゃなかった、キモチいいところに手が届く間柄だったわけで、関係再開はやぶさかではありませんが、真也さんはそうではなく……さすがの私も尻込みしちゃいました。でも、孝太郎は、

「大丈夫、大丈夫！　望は以前同様、オレとエッチすることだけ考えればいいんだ。あとはこっちがうまいことリードしてあげるからさ。な？」

　と言い、そう言われると、私の緊張と不安もすぐに消えていき……逆にカラダの奥底に忘れがたく刻み込まれている、孝太郎とのセックスの快感の記憶がムラムラと甦り、早くシたくてシたくてたまらなくなってきてしまいました。

　孝太郎に促されて、私は店の制服を脱ぎ全裸になると、バカでかいキングサイズの円形ベッドの上に寝そべりました。天井は鏡張りで、ちょいぽちゃグラマラスな自身の姿をイヤでも見ることになり、何ともいえず妙な気持ちです。さらにベッドがゆっくりと回転し始めた日には、ますますエッチな気分が盛り上がっていきました。

　真也さんと孝太郎もスーツを脱ぎ捨てて裸になり、二人してベッドに這い上がって

きました。そしてまずは、真也さんが脇で見守る中、孝太郎が私に覆いかぶさってきました。ゆっくりとオッパイを揉み回しながら言います。

「ああ、望のカラダ、久しぶりだなあ……二年ぶり？　この柔らかくて大きなオッパイ、やっぱり最高のさわり心地だよ……」

「あ、ああん……孝太郎………」

私もその、勝手知ったる巧みな愛撫にうっとりと翻弄され、さらに大粒の乳首をこね回され、舐め吸われると、一気に快感テンションが炸裂しました。

「ふふ……ほら、こっちのほうもあっという間にグショ濡れだ。相変わらず超感度良好、たまらん淫乱ボディだな～」

例の甘いハスキーボイスでそう言いながら体を下げていった孝太郎が、私のアソコをグチュグチュと指でなぶってきます。二本、三本と抜き差しされ、そのあまりの気持ちよさに、私は全身をエビぞらせてヨガってしまい。

「んあっ！　はあっ……あん、あぁぁ～～～～！」

「お、おいっ！　そろそろ俺も交ぜてくれよぉ……もうガマンできないよ～」

しばしその存在を忘れていましたが（笑）、真也さんが股間をおっ立てながら、情けない声でそう言い、「あっ、すみません！」孝太郎も慌てて、

「さあ、望、営業部長のチン○ン、しゃぶってやってくれよ。おまえのエロっぷりにもう爆発しそうになっちゃってるからさ」

と言い、それを受けて真也さんは私の顔の横にひざまずくと、乳房を揉みしだきながら、固く膨張したチ○ポを咥えさせてきました。腰を小刻みに動かしながら私の口内を突き、私もそれに合わせて亀頭を舐め回し、吸いしゃぶってあげて。

「うあ、ああ……あう、うぅ……」

「うふふ、どうです、営業部長、彼女のフェラテク、最高でしょ？　みんな俺が仕込んでやったんですよ。な、望？」

「……んもう！　あなたは黙って私のオマ○コ、舐めてよ！」

「はいはい」

笑い口調でそう言いながら、ジュルジュルジュルジュル～～！　孝太郎は私の肉びらを舌で掻き回しつつ、溢れんばかりの愛液を啜り上げてきて！

「あひぃ、ひっ、んあっ……ああっ……！」

私は一段と喜悦の叫びをあげながら、

「さ、営業部長、そろそろオマ○コ準備万端ですよ。そのカチコチのチ○ポ、思いっきり突っ込んでやってくださいよ。彼女、お待ちかねですよ！」

孝太郎が真也さんに向かってそう言うのを聞きました。

もうっ、ほんとは孝太郎のチ〇ポを入れてほしいのに……！　というホンネをぐっと呑み込みながら、私は喜び勇んで挿入してきた真也さんを受け入れました。

孝太郎の立場も考えてあげなきゃね。ここは真也さんファーストで。

そう忖度するオトナな私でしたが、思いのほか彼のチ〇ポの具合はよくて、それからは素直にその突き入れがもたらしてくる快感を愉しむことができました。

「あっ、ああ、いい……いいわぁ、あ、あ……あん～～～っ！」

「くはっ、あう……お、俺も……いいっ！　んぐぅ！」

孝太郎が私のオッパイを気持ちよく責めてサポートしてるおかげで、私のアソコの締まり具合もバッチリ！　真也さんはまたたく間にイキ果て、

「ああ、マジ最高だった……きみのこと、よおく覚えておくよ」

と、私に言ってくれて、同じく孝太郎の株も上がったはず。

私たちお互いにとってウィンウィンのなりゆきになっていいんだけど、願わくば今度またちゃんと、孝太郎とエッチしたいと願う私なのでした。

■さらに深く差し込まれた彼の指が、ゆっくりと大きく中を掻き回してきて……

本屋での出会いからまさかのロストヴァージン・ラブ

投稿者 佐藤麻衣子（仮名）／30歳／OL

「その作家さん、お好きなんですか？」

仕事帰りによく立ち寄る駅前の書店。その小説単行本コーナーの棚の前で、お気に入りの作家の本を手にとっていた私は、いきなりそう明るく声をかけられ、驚き、とまどった。

「……え？　あ、はあ……まあ……」

その見ず知らずの男性を警戒し、いかにも訝しむような声音でかろうじてそう答えたのだけど、彼のほうはそんな私の態度に何ら臆することもなく、ますます快活に話しかけてくる。

「僕も大好きなんですよ～。単行本はちょっと高くてアレなんだけど、文庫本になったものは全部持ってますよ！『愛の××△』も『涙の○○×』も『青春の△△？』も……どれもいいですよね～。いや、嬉しいなあ！　これまで僕の周りで同じ趣味の人なんて一人もいなかったものですから……同志！　ってかんじ？」

いや、逆にこっちは、それ以外にあなたのことなんて一つも知らないんだけど……ヒクわー。正直、内心そう思った私だったけど、そのスーツ姿で実直なサラリーマン風の彼のことが、決してイヤではなかった。

そんな私の内心の感情が伝わったのかどうか、彼はさらに畳みかけるように話しを重ねてきた。

「あ、順番が逆でしたね、すみません。実は僕、前からよくここであなたのことを見かけて、ずっと気になってたんですよ。あ、自分と同じ読書趣味の人がいる、って」

うむ、その気持ちはわからないでは、ない。

「……しかも、もろ好み……」

はあ⁉　なになに、結局これってナンパなの？　読書がどうの作家がどうの言っておきながら、結局は下心？　ちょっとちょっと〜〜っ！

と、私は彼の思わぬ発言に動揺し、ヒきながらも、やっぱり……決してイヤではなかった。

昔から私、自分でも決して悪い顔立ちじゃないと思いながらも、根っからの内向的な性格が災いしてボーイフレンドも恋人もできず……ひたすら大好きな小説の世界に逃避し没頭してきた挙句、すっかり男っ気ゼロの冴えない地味ＯＬになり果てて……なんと三十歳のいまに至るもヴァージンという、とんでもない有様に。

でも、今目の前にいる、たぶん自分と同年代のこの男性は、そんな自分の趣味嗜好を共有してくれつつ、『好みだ』と言って声をかけてくれた……今まで『オタク女』呼ばわりして私のことを女扱いしようともしなかった男たちとは全然違うんだ！

見る見る心を開いていった私は、そのまま彼に誘われるまま一緒に食事に行き、そのあとさらにお酒を飲みに行き……そこでますますディープで楽しい小説談義に花を咲かせ、加えて彼という男性の好ましい人間性を知るうちに、完全に女として落城してしまった。

「ふう、だいぶ酔っちゃったなあ……よかったら、ちょっとその辺で休んでいきませんか？」

「ええ……いいですよ……」

彼からの誘い水に私はいとも簡単に応え、二人、近場のホテルへと向かった。

部屋に入り、順番にシャワーを浴びたあと、私たちは裸になってベッドに上がった。

「あの……実は私、初めてなの……」

正直にそう言うと、彼は一瞬驚いたような顔をしたけど、すぐにやさしい笑みを浮かべて、こう言ってくれた。

「あなたの初めての男になれるなんて光栄です。精いっぱいやさしくするんで、力抜いてリラックスしてくださいね」

そして私の上に覆いかぶさってくると、キスしてきた。

それはやさしく、チュッ、チュ、と小鳥がついばむように愛おしげな口づけで……さらに唇を割って入り込んできた舌が私のそれをとらえると、ネットリとからみつき唾液を啜り上げてきて……私は生まれて初めて味わうその甘美な昂りに、思わず全身の性感が反応してしまうのを感じていた。

「あ、ああ……あふぅん……んんっ……」

「なんて柔らかでスベスベして、素敵なカラダなんだ……ほら、オッパイもこんな、マシュマロみたいにふくよかで……」

彼はそう言いながら乳房を揉み、乳首を舐め含んできて……途端に私の全身を電流にも似た衝撃が走り抜ける。

「あああっ！　ひあっ、あ、ああ……ああんっ！」

「さあ、下のほうもさわるね？　痛かったら言ってね」

快感に全身を海老反らせる私の中心……股間に触れてきた彼の指が、そのヌチャヌチャととろけた様子を確かめながら、ヌプ、チュプ、ツプ……と濡れた花弁を押し広げて中に入り込んできて。

「あふっ、はっ、ああっ……あひっ、んあぁぁ！」

「ああ、すごい……溢れちゃいそうなくらい、おつゆでビショビショだよ。さあ、僕のを入れてもなるべく痛くないように、もっともっとほぐしてあげるからね」

ジュプジュプ、ズプリ……さらに深く差し込まれた彼の指が、ゆっくりと大きく中を掻き回してきて、私の昂りは限界に達してしまう。

「ああっ！　はぁはぁ……わ、私、もう、ダメかも……」

「いやいや、ここからが本番だよ。僕のけっこう大きいけど、力を抜いて受け入れてみて。どうしても痛くてガマンできなかったら、やめるから、ね」

「……うん……く、くふぅ……！」

彼のほうもギリギリだったのか、私が答えるか答えないかのうちに、太くて固い圧迫感がメリメリメリッ！　とアソコの中を押し破らんばかりに満たしてきて！

「ひあぁぁっ！　あ、あううう……んくう！」

「大丈夫？　ダメならやめるよ？　どう？　ん？」

彼は気ぜわしげにそう言いながらも、ピストンする腰の抜き差しはやめず……私はもちろん、破瓜《はか》の苦痛を感じてはいたが、それ以上に溢れ出る快感の奔流に呑み込まれて……こちらも必死で腰を動かして応えていた。

「ああん、ああ、はっ……ああっ、あふっ、んあぁ！」

「ああ、僕もイキそうだ……う、くふう……」

彼のピストンががぜん速まって……初めて味わうオーガズムの果てに私が弾け飛んだとき、彼は自分のモノを抜いて、私のお腹の上に凄い量の精液を解き放っていた。

私は性的快感以上に、温かく心が満たされるのを感じ、しばらく彼の体を抱きしめて離さなかった。

これが私と彼の出会いのお話。

その後、結婚を前提に交際が始まった私たち、秋に挙式する予定です。

■恥ずかしい話、ほんの三、四分の交合の間に、私はなんと三回も絶頂に達して……

青春時代の因縁の再会は世にも淫らな地獄の始まり！

投稿者 新井ゆかり（仮名）／32歳／パート主婦

私は週に四日、だいたい五～六時間ずつほど、スーパーでレジ打ちのパートをしているのですが、この春、その職場でとんでもない再会をしてしまいました。

新しく後輩パートとして入ってきたのが、高校のときの同級生の美晴だったんです。なんでもこの春の異動でご主人が転勤になり、小学一年生の娘さんと三人でこっちのほうに引っ越してきたということですが……私と美晴の間には、過去にちょっとした因縁がありました。

私と彼女は高校一年のクラスで初めていっしょになり、最初は仲良く友だちづきあいをしていました。ところがそのうち、彼女は何かにつけ私と張り合うようになっていったんです。

私から見れば、彼女は頭もいいし顔も可愛く、むしろこっちがうらやましいと思うような存在でしたが、向こうは違ったようで、逆に私にメラメラと対抗心を燃やしていたようでした。

きっかけは、美晴が密かに恋焦がれていた他クラスの男の子が、彼女ではなく、私に対して好意を抱き、告白してきたことでした。私としては彼のことを好きでも嫌いでもなく、正直に「あくまで友達として」しか付き合えないと答えたのですが、それが彼女的には『いい気になって、身の程知らず』と映ったようで、それ以降、ことあるごとに私に対抗心を燃やし、隙あらば足をすくってやろうと目論むようになってしまったのでした。

私としてはそんな彼女を相手にする気などさらさら無く、ひたすら距離をとろうと努め、高校を卒業してようやく離れられてホッとしていた次第で……そのうち彼女の存在そのものを忘れ去っていたぐらいでした。

その彼女……美晴が今、私と同じ三十二歳の主婦となって、十四年ぶりに目の前に現れたのです。一瞬、当時のつらかった記憶を思い出し、戦々恐々とした私でしたが、よく考えれば二人ともとうに分別のあるオトナです。過去のことなどきれいにリセットして、新たに無難で平穏な関係性を築けるはず……そう思おうとしたのですが……？

やはり、そう簡単に因縁を振り払うことはできませんでした。

新しいことの起こりは、またしても昔と同じ恋愛沙汰。

美晴は働き始めてすぐに、出入りの食品メーカーのドライバーであるFさんのことを気に入ってしまい、モーションをかけたのだそうです。ところがFさんは、

「いやいや、お互いに家庭持ちなんだから、そういうのはやめましょうよ」

と、すげなく彼女のことを振り……それだけならまだよかったものを、なんとさらにこう言い放ったというのです。

「まあ、これがもし新井さんからのお誘いだったら、俺も断れなかったかもしれないけど……とにかくごめん。聞かなかったことにするわ」

と、よせばいいのに私の名を出して、余計なダメ押しをしてしまったと。

まさに昔の再現のように、美晴のプライドが引き裂かれ、怒りの炎に油が注がれてしまったことは言うまでもありません。

『ゆかり……一度だけならず二度までも私をコケにするなんて……絶対に許さない！』

私としては正直、「知らんがな」というかんじですが、こうなってはもう、ヘンにプライドだけはバカ高い自意識過剰女の暴走を止めることはできません。

それから数日後、私の身を、想像を絶する淫らな辱めが襲ったのです。

その日、私は午前十一時から午後四時までの勤務シフトを終え、帰りの身支度をしようとバックヤードの女子更衣室へと向かいました。その時間での上がりは私だけの

ようで、更衣室には他に誰もいませんでした。

スーパーの制服を脱ぎ、ブラジャーとパンティだけという下着姿になり、着てきた私服を手にとった、まさにそのときでした。

いきなり更衣室の扉がバンッ！　と開き、目出し帽をかぶって顔がわからない二人組の男たちが、室内になだれ込んできたのは。

「キャ……――んぐっ！」

驚愕して叫ぼうとした私の口は大きく分厚い手のひらでふさがれ、声を封じられたまま、軽々とその身を彼らに抱え上げられてしまいました。そしてそのまま運び連れ去られた先は、大きな配送トラックの荷台の中でした。

中に入ったときは真っ暗でしたが、それではさすがに向こうも困るのか、二つの大きな懐中電灯が点けられ、とても明るい光が辺りを照らし出しました。周囲には飲料水のペットボトルが詰められた段ボール箱が、いくつも積み上げられているのが窺えました。屈強な男二人に、しかも恥ずかしい下着姿のまま拉致されたという現実を痛感した私は、その恐ろしさのあまり、もはや助けを呼ぶための声をあげようとする気力すら挫けてしまいました。その代わりに、

「ああ、なんでもいうこと聞きますから……乱暴しないで……」

涙声で彼らに向かってそう訴え、懇願していました。

それに対してあえて彼らは何も答えませんでしたが、少しだけ緩んだように感じられた辺りの空気感から、ある程度自分の訴えが聞き入れられたように感じました。

「それにしても、いい女だな。もちろん、美晴さんには及ばないけど、こいつを好きにしていいだなんて、結構な役得だな……へへへ……」

「こらっ！　彼女の名前を出すんじゃない！　バカか、おまえは⁉　……まあいい、今からアンタの身に起こることは、全部画像に収めさせてもらうから、万が一警察に訴えようなんてしたら、ぜんぶ世間にさらしちまうからな。そうされたくなかったら、絶対に誰にも言わないことだ。わかったな？」

私は無言のまま、コクコクとうなずきました。

「よし、いい子だ。じゃあ始めるか。録画スイッチ、オンと」

それが合図となり、二人の男が私に群がってきました。

ブラジャーとパンティは、あっという間に剝ぎ取られ、私はスッポンポンの姿にされてしまいました。続けて彼らも自らの服を脱いで裸になると、強烈に明るい懐中電灯の光を浴びて逆光になりながらも、筋肉の盛り上がったたくましい姿が浮き彫りになりました。

さっきバカ呼ばわりされた、少し若いほうの男が私の上半身にとりつくと、両胸を鷲摑み、荒々しく揉みしだいてきました。最初はそのあまりの苦痛に思わず苦悶の声をあげてしまいましたが、徐々にその刺激に慣れてくると、逆にえも言われず心地よい刺激として感じられるようになってきました。

「……あ、あん……んっ……くふぅ……」

「おお、言い声で啼くじゃねえか。そんな甘ったるい声出されたら、こっちもますますたまらねえ気持ちになってきちまう。ほらほら、このサクランボみてえにカワイイ乳首もこうして……」

男はそう言って、乳房を揉みしだくと同時に乳首を激しく吸引してきて……その痛みと、舌で舐めしゃぶる甘い感触が交互に襲いかかるものだから、あまりの快感波状攻撃のすごさに、私はたまらず悶え狂ってしまいます。

「ひあぁ……あんっ、あっ……んあああぁぁぁ〜〜〜〜っ！」

と、そこへもう一人の男から、私の股間の秘肉に向けて、強引な指ねじ込み攻撃が仕掛けられてきて、私の頭の中でさらなる快感の火花がスパークしました。かと思うと、その太い指のねじ込みと同時に、のたくる舌がもたらす妖しい喜悦の花が咲き乱れて……気が狂いそうなほどのエクスタシーが私を翻弄しました。

「ふふふ、そろそろ十分、カラダがとろけほぐれてきたみたいだな……よし、じゃあおまえ、先にこのマ〇コに突っ込んでいいぞ！」

「ほ、ホントっすか？　やりィィ～～～～っ！　じゃあ奥さん、俺のぶっといの、ブチ込んじゃうぜぇ～～～っ！」

若さ溢れる活きのいいペニスが、私の中で暴れのたくって……恥ずかしい話、ほんの三、四分の交合の間に、なんと三回も絶頂に達してしまいました。そして、若い彼が精を解き放ったそのあと、今度はもう一人のほうの熟練の腰使いが私の性感を縦横無尽に翻弄しまくって……。

「あひっ……ひっ、ひうっ……んあぁぁぁ～～～～～～っ！」

なんと、私はさらに四度もイキ果て、さすがに疲労困憊のあまり、もうピクリとも動けなくなってしまったのでした。

こうして私の痴態を収めた動画は美晴の手中のものとなり、私は彼女に完全に弱みを握られた形になりました。

そう、青春の再会は、地獄の始まりだったのです。

■前と後ろからダブルで、絶妙の塩梅で責め立てられたものだから、アタシはもう……

アタシと彼の痴漢プレイにまさかの第三の男が乱入して

投稿者　清水千秋（仮名）／25歳／歯科衛生士

今日は勤め先の歯科医院の休診日で、とっても嬉しい平日休みなんだけど……。

前日にカレシに電話して、もし予定が空いてたら久々にデートしようって言ったら、

「おお、運よく空いてるぜ……じゃあ、集合は朝の七時な」

「ええっ!?　何その時間？　そんなの起きらんないよ〜！」

「いやならいいよ。まあ次いつ会えるかわかんないけどな」

そう、彼はフリーでテレビ番組とかのディレクターの仕事してて、とにかく超多忙。なかなか休みがとれないものだから、こんなふうにちょうどよく二人の日程が合うなんて、スーパー・ラッキーなの。しかもとんとエッチもご無沙汰だから、アタシはもう会いたくて会いたくて仕方がない。

「わかったわよ！　うん、うん……じゃあ七時に○△駅前ね。よろしくね！」

結局、勤めのある日よりも早く起きないといけなくなっちゃった。

そして今日、彼は約束の時間より十分遅れてやってきたけど、まあいつものことね。

でも、何を言いだすかと思えば、

「よし、じゃあこれから電車に乗るぞ！　もちろん上りな」

「ええっ⁉　……って、超満員の通勤電車よお？　正気？」

「もちろん！　実は前からやってみたかったことがあるんだ……満員電車での痴漢プレイ。刺激的でいいと思わない？」

アタシ、さすがにビックリしたけど、正直、ちょっと興味がないわけじゃなかった。

実際、これまでに何度か痴漢にあったことがあるけど、そのたび、怖いとかイヤだっていう感想よりも、スリリングで危険な快感の印象のほうが強くって……それを大好きな彼と疑似体験できるっていうのは、なかなか魅かれる提案で……。

「どうする？　いや？」

「ううん、いやじゃ……ないよ」

ってことで、アタシと彼はホームに入ってきた見事なまでの超満員電車に乗り込むと、押し合いへし合いする乗客たちの人込みの中、痴漢プレイをスタートさせた。乗った電車は快速で、次の停車駅まではおよそ十分ちょっと。しかもそこは大きなターミナル駅だからどっと乗客が降りて車内はスカスカになり、もう痴漢プレイなんかできやしない……この十分間が勝負！　ってかんじね。

彼の手が上のほうに這いずってきて、アタシのブラウスのボタンを器用に外すと、さらに手を後ろのほうに回り込ませてブラのホックを外し、ピッタリしていたカップをユルユルに浮かせてきた。その隙間から彼の手はアタシのナマ乳めがけてラクラク侵入、下乳をフニュフニュフニュと愛撫しながら乳首に触れ、いじくってくる。

「……んっ、んふっ……う、ううん……」

さすが、いつもの二人だけのエッチのときの感覚とは比べものにならない……たぶん誰にも見られてはいないだろうけど、いつ誰に気づかれるとも知れない、そんな周囲をギッシリの人込みで囲まれている状況で味わう彼のタッチは、信じられないくらい刺激的でキモチいいっ！

アタシも負けてられなかった。

ジーンズの上から彼の股間をまさぐり、揉みこね回し、だんだん固く突っ張ってくるのを窺うと、ジッパーを下げて下着の前をこじ開け、勃起ペニスを引っ張り出す。その亀頭のくびれ部分を握り込んで、クイクイッとこねくり回しちゃう。

「うっ……くぅ……ふぅぅ……」

彼のせつなげな呻き声とともに、先端から滲み出した先走り汁でアタシの手のひらがネバネバと濡れてくるのがわかる。

アタシと同じく、彼のほうの感じ方も、いつもの比じゃないくらい敏感で激しい。勃起してズキズキと脈打つ肉棒の拍動が、こっちにまで伝わってくるみたい。

あ、彼の手もアタシの下半身に攻め入ってきた！

アタシのスカートをめくり上げて下腹部に潜り込むと、パンストの前をこじ開けてアソコに直接触れてきて……！

クリ豆をクニュクニュと押しつぶすようにこね回しながら、もう恥ずかしいくらい濡れとろけた肉ひだをヌチャヌチャと掻き回されて、アタシは周りの人にそのスケベな音が聞こえちゃうんじゃないかというスリリングな切迫感からか、これまで感じたことのないような喜悦の渦に呑み込まれちゃいそうな勢いで……、

「んあっ、はっ……くふ、ふう……あんっ……」

必死で押し殺した喘ぎ声が唇からこぼれ出しちゃう。

「うう、うっ……はぁ……チアキ……いいよ……」

天井知らずの昂りとともに、アタシの手淫の動きもどんどん激しくなっちゃったものだから、彼のほうももうギンギンのズルズル！　極限まで固く膨張しつつ、自分の粘液まみれになって……もう限界ってかんじ？

　次の停車駅もぼちぼちという頃合いだったので、さすがにこのまま二人ともここでイッちゃうわけにはいかないよねぇと、お互いにそろそろやめようかと無言のアイコンを交わした、まさにそのときのこと……！

　なんとアタシの背後から、パンストをこじ開けて侵入、ナマ尻に触れてくる第三の手が現れたの！

（え、えええええええええっ⁉）

　その相手の顔を見ることはできなかったけど、どうやらアタシと彼が痴漢プレイに耽っていることを承知で乱入してきた、確信犯的痴漢みたいなの。

　その証拠に、アタシと彼の相互手淫プレイの、昂り速まるテンポにまるで合わせるかのように、その手はアタシのアナルに指を深々と挿入するや、巧みにリズミカルに搔き回し、抜き差ししてきて……！

「んふっ！　……うぐぅ……んあっ、はぁぁぁ……」

　前と後ろからダブルで、絶妙の塩梅で責め立てられたものだから、アタシはもうあまりに気持ちよくて陶然として、彼のペニスへのしごき立てをやめることもできなくなっちゃって……いや、それどころかますます激しく手を動かしちゃう始末。

　当然、彼のほうも、「あれっ、やめるんじゃなかったの？」みたいな顔でとまどいつつも、迫りくるクライマックスにもう逆らうこともできず……。

「うっ！　……んくぅ……はぁ～～～～～……」

たまらずアタシの手の中で暴発しちゃったペニスは、勢いよく精液吐き出してアタシのデート用の一張羅のブラウスを汚しちまいやがって……もうっ！（怒）

とか言いながら、実はアタシもしっかりイッちゃったんだけどね（笑）。

それからほどなく電車が駅に着くと、知らぬ間に例の乱入痴漢はいなくなり、寸でのところでなんとか身づくろいを済ませたアタシと彼は、降車客の群れとともにドッと車外に押し出されてしまったというわけ。

いや～、それにしても、まさかのチョー刺激的な体験だったわ。

もちろんその余韻のまま、アタシと彼がそれからすぐに、まだ午前八時前だというのに近所のラブホにしけこんで、昼まで本格的にヤリ狂ったのは言うまでもありませんことよ、ウフフ。

■男のビンビンにいきり立った肉棒が鎌首をもたげ、私のほうを見下ろしてきて……

まさか！運転勤務中に乗客からレイプされてしまった私

投稿者　松久茜（仮名）／27歳／バス運転士

関東の私営バス会社で路線バスの運転士をしています。私たちみたいな女性運転士の数はまだまだ少ないですが、皆、とてもがんばっているんですよ。でも、この間あった出来事は、ちょっと怖いような、ゾクゾク興奮するような……そんな体験、聞いてもらえますか？

平日のその日、私の運転する下りのバスは最終便を迎えていました。

出発地点であるM駅前乗り場を、八割ほどの乗車率で二十二時三十分に出発したバスは、停留所に停まるたびに数人ずつの乗客を降ろしていき、最後の残り一つの停留所を前にした時点で、残る乗客はあと一人となっていました。

（ああ、最後の一人を降ろして車庫に戻って、あれこれ後作業して……あと一時間ほどで今日も解放されるのね……あ～疲れた）

私はそんなことを思いながら、最後の停留所に向けてバスを走らせていたのですが、そのとき、残り一人となったサラリーマンらしき男性の乗客が席を立ち、運転席のほうに向かってフラフラと歩いてきたんです。

「あ、お客さん、バスの走行中は席を立たないでください！　停留所に完全に止まってから……」

わたしがそう言って注意しようとすると、その人はヨロヨロと危なっかしい足取りで運転席のすぐ後ろまで来るや否や、蚊の鳴くような声でこう言ったんです。

「う、運転手さん……私、ものすごくお腹の調子が悪くて……今すぐトイレに行かないとヤバいんです……あぁっ……も、洩れそう……」

「えっ……えぇっ!?　マジですか？」

「す、すみません……今すぐちょっと降ろしてもらえませんか？」

もちろん、停留所以外でお客様を乗り降りさせることはご法度です。

でも、かといって、もし車内で大きいほうを粗相されでもしたら……!?

掃除の面倒や、あとに残る悪臭のことなどを考えると、私の中で瞬時にギリギリの葛藤が渦巻きました。そして、出した結論は、

「わかりました！　今すぐ止めますから、急いでその辺で……！」

「あ、ありがとうございますぅ………」

辺りには人家もなく、街灯もちらほら数える程度……ちょうどすぐ脇に大きな雑木林がある地点でバスを止めると、その人はよろめき転げ落ちるように降車して、用を足すべく林の中に入っていきました。

（まあ緊急事態だものね……もし会社にバレたら、もう開き直って謝るしかないわ）

私はそう観念しながら、お客さんが戻ってくるのを待ちました。

ところが、五分待っても戻ってきません。

私はがぜん焦り始めました。諸般の道路事情に鑑みても、そろそろタイムリミットです。さすがにもう出発しないと、対会社的に完全にアウト……結局まだ開き直れていない私は、とりあえず自分も降車して、お客さんを呼びに走りました。

「お客さーん！　大丈夫ですかー？　あのー、もう出発しないといけないんでー！」

暗く鬱蒼とした雑木林の中に分け入りながら、そう大声をあげると、

「運転手さーん、ここですぅ～……あの、ちょっと手を貸してもらえませんか～？」

さっきよりは幾分声に張りの戻ったその人の返事が聞こえました。

私はちょっとホッとして、そちらのほうへ向かいました。

ところが、数歩足を進めたところで、思いがけないことが起こりました。

いきなり何かが飛びかかってきて、地面の草むらの中に私を押し倒したんです。

「きゃーっ！　な、なになに⁉　やめてーっ！」

もちろん、それは例のお客さんでした。でも、さっきまでの弱々しさは微塵もなく、私のお腹の上に馬乗りになると、恐ろしいほどの力強さで押さえ込んできました。そして必死でもがいて抗おうとする私に、こう言ったんです。

「あんたのこと、ずっと狙ってたんだ。この豊満ないいカラダ、ずっと抱きたくて抱きたくて仕方なかった……さあ、こんなとこじゃ誰も助けになんて来やしない。観念するんだな！」

私はまんまと彼の演技と策略に引っかかってしまったというわけです。

それから彼は荒々しく私の運転士の制服の上着の前をはだけると、その下のシャツのボタンを引きちぎらんばかりの勢いで胸を開き、ブラジャーを押し上げ外しながらナマ乳房を揉みしだいてきました。

柔らかい乳肉にしっかりと食い込んだ指先が、ワシワシ、ギュムギュムと強烈な刺激を送り込んできて、同時に冷えた夜の空気のおかげでピンと張り詰めた乳首をキュウキュウとクビってくるものだから、その畳みかけるような苦痛と快楽の波状攻撃に私はたまらず大声をあげてしまいます。

「あっ、あ、ああ……んあぁぁぁ～～～～っ！」

「おっ、あんたも感じてくれてるのか？　ああ、嬉しいよ……この際、変に抵抗しないで、一緒に気持ちよくなろうぜ？　いつものように、安全運転で乗せてくれよ」

（何こんなときに、うまいこと言ってるのよ〜っ⁉）

　私はそんなツッコミを入れながらも、カラダをむしばむ苦痛よりも、甘く満たしてくる快感のほうが大きくなるのを感じていました。

　カレシいない歴三年。そんな侘しい肉体が、こんな卑劣なレイプ男の軍門に下ってしまうかと思うと、相当悔しいものがありましたが、それが本能ゆえの反応なのだから仕方ありません。痛い思いをしたくないのは当然で、結局私はその本能の導くままに流されようと……開き直ったんです。

　彼の手が私の制服のズボンのベルトを外して脱がし去り、私の白い太腿が夜陰の中であらわになりました。

「うお〜っ、むっちりスベスベ、たまんね〜〜〜っ！」

　男はさんざん私の腿肉を撫で回したあと、いよいよパンティに手をかけ、一気に脱がし取ってしまいました。そして自分も手早く下半身をさらけ出すと、ビンビンにいきり立った肉棒が鎌首をもたげ、私のほうを見下ろしてきました。

　パックリと開かれた女陰に、ヌルッと触れてくる熱く固い男肉……私はその妖しく甘美な感触に思わずブルッとカラダを震わせると、そのまま押し入ってきたモノをヌプヌプと呑み込んでしまっていました。もうそこには痛みなどなく、激しい男のピストンと共に次々となだれ込んでくる快感の奔流を、ただただ受け止め、味わい尽くすだけでした。

「あう、うぅ……んふっ、あはぁ……あんあん、あぁ～ん～～～っ！」

「ああ、あんたのオマ◯コ、最高にいいぜぇっ……う、ううっ……やべぇ、もう出ちまいそうだ……くはぁっ……」

「あっ、あ、あはぁ、あん……あああぁぁぁ～～～～っ！」

私ははしたなくもイキ果ててしまい、男は最低限中出しすることはなく、私の下腹部に向かってドピュドピュッと大量の膣外射精をしました。

その後、男は歩いて立ち去っていき、私は結局予定より三十分以上も遅い帰社時間で、こっぴどくお叱りを受けました。一応、体調不良の乗客の介護をしていたためという理由を説明しましたが、もちろんそれ以外のことは話していません。

それにしても……キモチよかったな～……。

■ついに合体すると、突き入れられた彼のペニスは猛然と私の肉奥を掘削して……

雑居ビルの別会社の社員同士、男と女の深い関係を結んで

投稿者 菊池佐和子（仮名）／29歳／旅行代理店勤務

社長を含めて全社員四人という、小さな旅行代理店に勤めています。

当然オフィスも小さく、全床面積は四十平米に満たないほど。各フロアに二社ずつが入った、昭和の香り漂う古い六階建ての雑居ビルのテナントの一つとして営業しています。

ある日のことです。

実は私はその前日の夜の電話で、もう五年もつきあい、てっきり結婚するものとばかり思っていた恋人からいきなり別れを告げられ、ものすごく落ち込んでいました。そのショックと悲しみ、そして怒りのおかげで、ほとんどまともに仕事が手につかず、つまらないミスを連発して皆に迷惑をかけまくってしまったぐらいです。

午後七時の終業時間を過ぎ、他の皆が三々五々退社していっても、私は侘しい一人暮らしの部屋になかなか帰る気になれず……一人ポツンと居残っていましたが、もう

こうなったらヤケ酒だ！　と気持ちを切り替え（?・）、近所のコンビニまで行って缶ビールを三本買い込むと、再び会社に戻ってきました。

そしてオフィスのある四階までエレベーターで上がり、廊下に出たのですが、そこで同じフロアの、うちとは別の会社の社員男性と出くわしてしまいました。そこは、当然うちと同程度に規模の小さな広告代理店で、この私と同年代と思しき彼とは、今まで幾度も顔を合わせたことがありました。

イケメンとはいえませんが、人懐っこそうなやさしい顔立ちをした、ちょっと森のクマさんを思わせる雰囲気で、決して印象は悪くありませんでした。

彼はこれから帰るところのようでしたが、私が手にした缶ビールが入ったコンビニのビニール袋をチラリと見るや、

「おっ、これからオフィスでお楽しみですか？　いいですね～」

と、いつものやさしい笑顔で言い、続けて「それじゃあお先に」と、私と入れ替わりに下りのエレベーターに乗ろうとしました。

と、そこで私は、自分でも思わぬ行動をとっていました。

「あ、あの……もしよかったら、これから私に一杯つきあってもらえませんか？」

と言い、なんと彼をオフィス飲みに誘ってしまったのです。

「え？」と一瞬、びっくりしたような表情を浮かべた彼でしたが、すぐにまた笑顔になると、「もちろん、いいですよ。喜んで！」と、まるで居酒屋のような快活な答えを返してくれたのです。

もちろん、彼の本当の人間性など知る由もありませんが、普段見せてくれているそのやさしい雰囲気にほだされ、今のこの落ち込んだ心境を癒してもらいたい……私はそんなふうに欲して思わず声をかけてしまったのだと思いますが、ラッキーなことに彼は快く、それに応えてくれたのでした。

そして早速、二人でうちのほうのオフィスでのプチ飲み会が始まりました。

「菊池佐和子といいます」

「あ、俺、竹内憲一（仮名）、よろしくお願いしまっす！」

「じゃあ、かんぱ～い！」

それまで、お互いに名前を知らない顔なじみ同士だった私たちは、改めてそう名乗り合いながら、手に持った缶ビールをカチンと合わせました。

そして他愛ない世間話めいた会話を交わしながら飲んでいたのですが、そもそもお酒にそんなに強くない私は、酔いが進むにつれて、どんどん心の自制が利かなくなっていってしまい……しまいには、とうとう今回の大失恋の顛末や、相手への怒り、深い悲しみをぶちまけだし、ボロボロと泣きだしてしまったのです。

するとと彼は、そんな私に対してうろたえるでもなく、あきれるでもなく、そっと寄り添うようにやさしく接し、なぐさめてくれました。

「菊池……いや、佐和子さんはこんなに魅力的なんだから、またすぐにステキな相手が現れますよ。ドンマイ、ドンマイ！」

「竹内……ううん、憲一さん、ほんとにそう思う？」

「もちろんですよ！」

私の気持ちは一気に欲望へと昂り、あられもなくよろめいていました。

「じゃあ……その証拠に私のこと、抱いてっ！」

そう叫ぶや否や彼に抱きつき、唇を重ねていたのです。

一瞬、びっくりしたような表情を浮かべた彼でしたが、私の気持ちを察してか、すぐに受け入れてくれました。

唇を割って私が差し入れた舌を自分のそれでとらえると、逆に積極的にからめ、ジュルジュルと啜り応えてくれました。

そうやって二人の唾液が混ざり合い、だらだらと顎から首筋へとしたたり流れ落ちるに任せながら、私たちは互いの服を脱がせ始めました。唇を合わせたままだとなかなか難しいものがありましたが、なんとかお互い上半身裸になると、ようやく二人、口を離し合い、彼は私のオッパイを揉みしだきながら乳首を吸ってきました。

「あ、あぁん……すてきよ、いいわ……憲一さん……」

私はそう言ってヨガりながらズボンの上から彼の股間をまさぐり回し、見る見る固く大きくなっていく様子を手のひらで感じました。そして興奮もあらわにチャックを下ろし、パンツの奥からその熱いみなぎりを引っ張り出すと、激しくしごき始めました。亀頭の縁に引っかけるようにしてこね回し、脈打つ肉竿を上下に擦り立てて……あっという間にそれは、彼のエッチな分泌液でネチョネチョと濡れまみれてきました。

「あ、あぁ、あ……佐和子さん……ん、んんん……」

彼のほうもお返しとばかりに、乳首を舐めながら、手を私のパンタロンスーツの前に突っ込むと、下着を掻き分けてアソコをグチュグチュといじくってくれて。

「あうん、うう……はぁっ！　あ、あぁ……憲一さんっ……！」

「佐和子さんっ……！」

とうとうお互いに興奮の高みまで達した私たちは、下半身も服を脱ぎ去って、双方完全な裸になりました。そして裸体をからみ合わせながら、オフィスの隅にある来客用のソファーセットの上へと倒れ込みました。

「ああ、憲一さん……きて……私のこと、激しく突きまくってぇっ！」

「佐和子さん、いくよ！　奥の奥まで突くよっ！」

私たちはあられもない言葉を交わし合いながら、ついに合体すると、突き入れられた彼のペニスは猛然と私の肉奥を掘削し、怒濤の快感を注ぎ込んできました。

「あっ、あ、ああっ……はぁん……んあぁぁぁ～～～～っ！」

「さ、佐和子さんっ……はっ、はっ、はっ……あうっ……！」

そして私は、寸前に抜いた彼のペニスから解き放たれた大量の熱い精液のシャワーをおへその辺りで受け止めながら、突き抜けるような絶頂の果てへと吹き飛んでいたのでした。

それから私と憲一さんとの関係は進んではいませんが、時折顔を合わせるたびに交わす笑みは、日増しにその温かみを深くしていくようで……遠からず、いいおつきあいが始められるのではと思っている私なのです。

第四章

出逢いと別れのディープラブ

■蒼太の指示のもと、私はすぐ横にひざまずいた山崎くんのチ○ポを咥えさせられ……

恋人から借金のカタに肉体奉仕を強要された私だったけど

投稿者 三村かなえ（仮名）／26歳／OL

最初、会社の同僚で、カレシの蒼太からこう振られたとき、私はきょとんとした。

「実は春の異動で、同期の山崎が遠い遠い九州支店に転勤することになったんだ。そこで、仲のいい内輪で送別会を開いてやろうと思うんだけど、もちろん、かなえも来てくれるよな？」

え？　山崎くん？

もちろん、部署は違っても存在くらいは知ってるけど、なんで私が内輪の送別会に……？　全然仲良くなんかないんですけど。

と、私の顔にはありありと怪訝な表情が浮かんでいたはずなのに、蒼太ってばまったく意に介する様子もなく、

「ってことで、今度の金曜の夜七時、『○○△□』に集合ってことで、よろしくな！」

と、送別会会場として、私と彼、二人の馴染みの居酒屋の名を告げてきた。

ま、しゃーないか。大好きな蒼太の機嫌そこねたくないしね。

と、私はおとなしく言われたとおりにすることにした。

そして当日、業務を終えた私が約束の時間に店に行くと、もうすでに蒼太と山崎くんの二人が席に着き、ビールのジョッキを酌み交わしていた。

……って、あれ？　今日って私たち三人だけ？

という、私の顔に浮かんだであろう気持ちを、蒼太も今度は察してくれたようで、

「いやー、ほんとはあともう何人か来れる予定だったんだけど、皆、急に都合が悪くなったみたいで……まあ、しょうがないよね。来週早々、山崎はもう向こうに赴任しなきゃいけないし……リスケ不可っていうことで」

そう言い訳がましく言ってきた。

まあ、たしかにしょうがないか。

私は席に着き、気を取り直して二人と同じくビールジョッキを手に掲げると、

「それじゃあ、山崎の新天地での前途を祝して、かんぱーい！」

という蒼太の音頭に合わせてジョッキをカチンと鳴らし、ビールを呷った。

そしてそれから約二時間、愚痴あり、笑える話あり、社内の秘密の暴露あり……と、アルコール摂取量が増えるに従って送別会はオキテ破りの無礼講の様相を呈していき、

当初は引き気味だった私も、いつの間にか大いに楽しみ盛り上がって……どうやら自身のアルコール許容量を大幅に上回ってしまったようだった。

ふと気がつくと、私は酔っぱらった挙句ひとりではまともに歩くこともできず、両脇を蒼太と山崎くんの二人に支えられる格好で、半ば引きずられるようにしながら夜の繁華街を移動していた。

「うーん……ねーっ、これからろこいくのーっ？」

呂律の回らない私の問いに、彼らは、

「うんうん、かなえ酔っ払いすぎだから、ちょっとどこかで休もうねーっ」

と答えるのみで、多くは語ってくれなかった。

それはそうだろう。

結局、私が二人に連れていかれた先はラブホテルだったのだから。

およそ今ドキ感のない、ピンク色の照明がいかにもいかがわしい『平成初期』な雰囲気の部屋に連れ込まれるなり、私はドサッとキングサイズのでっかいベッドの真ん中に放り出された。そしてそこへ、手早くスーツも下着も脱ぎ去って全裸になった蒼太と山崎くんの二人が群がってきた。二人がかりで私の衣服を一枚一枚剝いでいって、あっという間に私も彼らと同じく一糸まとわぬ姿にされてしまった。

え、え、え……？　何が一体どうなってるの⁉

あまりの事態の急展開っぷりに、私の頭はまるでついていかない。

すると、そんな混乱する私にお構いなしに、山崎くんが上から覆いかぶさり、左右の乳房を両手で掴むと、荒々しく揉みしだきながら乳首を吸ってきた。

「……んっ、んあっ……はぁっ……」

思わず口をついて喘ぎ声がこぼれてしまう。

そこへ、いかにも嬉しそうに興奮した山崎くんの声がかぶさってきた。

「うおおっ、やっぱ、かなえちゃんのおっぱい、サイコーだあっ！　大きくて、柔らかくて、乳首もきれいなピンク色で……チュバチュバ、ングング……ああ、ちょーエロくておいしいよ〜〜〜〜っ！」

……って、自分の彼女がこんなことされてるっていうのに、蒼太はいったい何やってるの？

私がまだ酔いの残る酩酊感の中でそう思っていると、次いでその蒼太の、まるでご機嫌をとるような口調の声が聞こえてきた。

「だろ？　ほんとコイツのカラダ、極上なんだ。ほらほら、もっともっと好きにしていいから……くれぐれも例の件はチャラにしてくれるよな？」

えっ？　ひょっとして私、二人の間の取引材料か何かに使われてる？

「あ、ああ、そうだな……俺のこと、とことん満足させてくれたら、この転勤を機に、おまえに貸した二十万、全部ご破算にしてやってもいいぜ」

「やったーっ！　恩に着るぜ、山崎ーっ！」

ああ、やっぱり私ってば、蒼太の借金のカタ扱いになってるぅ……（涙）。

などと、愛するカレシに裏切られた悲しみとショックに暮れているヒマもなく、二人のやりとりはトントン拍子に（？）進んでいく。

「その代わりおまえもちゃんと協力して、俺とかなえちゃんのエッチ、ちゃんと盛り上げてくれよな」

「了解、了解！　まかせとけって！　じゃあ、山崎、おまえのチ○ポ、かなえに咥えさせてやってくれ。で、そこへ俺がこうやってやると……」

蒼太の指示のもと、私は頭のすぐ横にひざまずいた山崎くんのチ○ポを咥えさせられ、その私の股間に蒼太が顔を埋めてきた。そして左右に大きく広げられたアソコの肉ひだを、突っ込まれた舌先でデロンデロンにえぐり、掻き回されて……！

「……んっ、んふぅ……ぐふっ、んぐふぅぅ……！」

実はお酒が入ると普段以上に性感がアップしてしまう私……もうその愛撫にメチャ

クチャ感じちゃって、欲望テンションも爆上がり！　自然と山崎くんのチ○ポへのフエラにも熱が入り、狂ったようにしゃぶりまくっちゃった。

「お、おおう……か、かなえちゃん、す、すげえキモチイイ！　チ○ポ、とろけちゃいそうだよぉ！　あ、あああぁ……」

「へへっ、だろだろ？　この勢いのまま、一発ぶっ放しちまうか？」

「くうぅっ……だ、だめだめっ！　俺、そんなに強くないから、今出しちゃったら肝心の本番に役に立たないよ！」

そう呻くように言うと、チュポン！　と音を立てて、山崎くんは私のクチからビンビンに勃起したチ○ポを引き抜いた。

「了解、了解！　じゃあ早速、そのお待ちかねの本番といこうぜ！　おっと、ゴムはちゃんと着けてくれよな。俺の大事な彼女なんだからさ」

……えっ？

という意外な蒼太のセリフについて考える暇もなく、また蒼太が言う。

「今度は俺がオッパイのほう責めるから、山崎、その間に突っ込んでくれ。サイコーの締まり具合のマ○コを味わわせてやるぜ！」

「あ、ああ……わかった！」

そして、蒼太の指と舌と歯を使った、絶妙の乳房・乳首への愛戯で感じまくった私のアソコは濡れまくり、締まりまくり……！

「う、ううっ……ヤ、ヤベッ、こ、こんなの気持ちよすぎるっ！　ああっ、ダ、ダメだあっ……ぐうっ……イ、イク～～～ッ！」

山崎くんは挿入後、ものの五分とかからず達し、装着したコンドームの中にびっくりするほど大量のザーメンを吐き出してた。

その後、すっかり満足した山崎くんはシャワーを浴び、スッキリして先に帰っていったが、驚いたのは、そのあとの蒼太の行動だった。

彼は、山崎くんとシた直後の私のカラダを洗い清めることもせず、続けてナマで挿入し、私を二度もイかせつつ、ドクドクと中出ししてきたのだ。

「赤ちゃん、できちゃったら、どうしよう……？」

「そのときは結婚しちゃえばいいんじゃない？」

何のためらいもなくそう答える蒼太の言葉を聞きながら、一方で平然と私を借金のカタに差し出す一筋縄ではいかない彼の思考に困惑しつつ……それでもとっても嬉しかった。

■彼は熱く固くみなぎったモノを私の股間に当ててしばしヌルヌルと滑らして……

修理業者の彼の手でトイレの詰まりもアソコの疼きも解消

投稿者　菊田まりえ（仮名）／30歳／パート主婦

夫と二人で、築三十年近いアパートに住んでいます。

最近、トイレの調子がおかしいなーと思っていたら、ついこの間、恥ずかしい話ですが大きいほうをして流したとき、ゴボゴボッ！　といや〜な音がしたかと思うと、どうやら下水管が詰まったようで、またたく間に便器からウ○チごと水が溢れ出してしまいました。私はその惨状を前にただ呆然とするのみ……幸い、ほどなく溢れる水は止まってくれて、便器の中の水は通常の水位まで下がっていきましたが、個室内に溢れ流れた汚物交じりの水を掃除するのは、そりゃもう情けないことこの上なく……とにかく大至急、修理業者さんに直してもらわないことには、恐ろしくてトイレが使えません！

スマホで近隣の水道・トイレ修理業者さんを探し、よさげなところに連絡して状況を話すと、すぐに来てくれることになり、ほっと一安心。

今日、パートが休みでよかった、と思いながら待つこと三十分。午後三時ごろ業者の男性が来てくれました。……ところが、私は軽く引いてしまいました。

なぜって……彼が若いイケメンだったから！

「だいたいの状況はオペレーターから聞いてます。じゃあ、ちょっと見てみますね」

彼は明るくほがらかな口調で、修理用器具を手に個室内に入ると、ゴム手袋をはめ、テキパキと便器に向かって作業を始めました。その様子は完全に彼の広い背中に隠れてしまい見ることはできませんが、私は背後で様子を見守りながら、何ともいえないドキドキが高まってくるのを抑えることができませんでした。

『便器の外に溢れ出た汚物はきれいに始末したけど、彼が今、手を突っ込んで調べてる下水管の中には、まだ私のウ〇チが残ってるかもしれない……それに彼が手を触れて……イヤーーーーーッ！』

彼に対する申し訳なさと、私自身の羞恥心が心中でグルグルととぐろを巻きながら際限なく膨らんでいって……私は思わず頭がクラッと揺れ、足元もおぼつかなくなり、壁に手をついて体を支えるのに必死でした。

そうやってゆうに一時間弱が経ち、彼が立ち上がってこちらを向いて言いました。

「はい、終了しました。特別何かが詰まっているというわけではありませんでしたが、やはり下水管の老朽化が原因でしょうね。しっかりと吸引処理してきれいにしておきましたから当面は大丈夫かと思いますが、早めにアパートの管理会社に新しい下水管への交換について相談したほうがいいでしょうね」

「はあ……あ、ありがとうございます……」

私は、彼のその事後報告と忠告を聞いて胸を撫で下ろしながら、ギリギリの力で体を支えていた手が脱力し、あっと言う間もなく彼のほうにくずおれてしまいました。

「あっ！　だ、大丈夫ですか、奥さんっ⁉」

寸でのところで彼が私を受け止めてくれて事なきを得ましたが、そのたくましく大きな腕の感触が、また別の感覚を私にもたらしてきました。

『夫でさえ触れたことのない私の汚物に、イヤな顔ひとつ見せず触れてくれたこの人……ああ、私たちもう他人じゃない……特別な関係なのね！』

今思えば理解に苦しむムチャクチャな思考回路かもしれませんが、とにかくそのとき、私はそう思ってしまったのだからしょうがありません。そしてその思考はすぐに彼を求める欲求に変わっていき……私は、体を支えてくれている彼の手の中でサッと顔を上向けると、いきなりその唇にキスしていました。

それも軽くではなく、むさぼるようにきつく吸いついて。

「……っ、お、奥さん、何してるんですかっ⁉」

彼は慌てて私の唇を引き離すと、体も遠ざけようとしました。

でも私はそう簡単には引きませんでした。

彼の体に必死でしがみつくと、逆にそのたくましい胸に自分のバストを押しつけていったんです。ブラジャーを着けていても、その丸く豊かな存在感を十分相手に感じさせるだけの、大きさへの自信がありました。

「お、奥さん……だ、だめだったら……っ！」

そう言って拒絶しながらも、だんだんと彼のその口調が力なく揺れ始めているのがわかりました。その機を逃さず、今や完全に体の安定を取り戻した私は、彼の手を引っ張って、狭いトイレ前のスペースから広い居間のほうへと移動しました。そして全体重をかけて、自分もろとも彼を床のカーペットの上にしゃがみ込ませると、彼の両手をとり、服の上から自分の左右の胸を摑ませました。

その瞬間、完全に彼の眼の色が変わったと思います。

私に無理やり摑まされたその指は、がぜん己の意思を持ったかのように積極的にうごめきだし、力を入れて胸を揉みしだいて……でもほどなく、そのもどかしさに業を煮やしたのか、あっという間に服を脱がせ、ブラを外し……満を持して私のナマ乳を鷲掴んできて……！

「ああん！　そうよ……もっときつく！　んんっ……いい、いいわ！」

私はその痛いくらいの愛撫の感触に悶え喘ぎ、乳首をピンピンに突っ張らせていました。そしてそれに彼の指が触れ弾けるたび、ジンジンとする快感にさらに嬌声を張り上げて……！

「あん、あはぁ、あ、あああ～～～っ！　……んはぁ、はぁ、はぁ……ねえ、あなたも脱いで……！」

私の言葉に従って服を脱ぐ彼を見ながら、私もパンツと下着を脱いでマッパになり、彼を迎え入れる態勢を整えました。

「お、奥さんっ……！」

いよいよ向こうもマッパになった彼の股間のモノは、とうにビンビンにそそり立ち、その先端から透明なしずくさえしたたらせていました。

「ああん、早く……早くきてっ！」

もう前戯なんかいりません。

私は大股を開いて濡れた肉ひだを思いきり剝き出しにすると、肉棒を挿入してくれるよう彼に言いました。

彼はそれに応えて上から覆いかぶさってくると、熱く固くみなぎったモノを私の股間に当ててしばしヌルヌルと滑らして焦らしたあと、いよいよ肉穴奥深くへと突き入れてきました。そしてそのまま抜き差しを始め、徐々にスピードを上げていって。

「ああん、あっ、あ、あふぅ……いいわ、あん、はぁ、ああっ……！」

「う、ううっ……奥さん、奥さんっ！」

いつの間にか私は彼の腰に両脚を回し、グイグイと締め上げながら、より深くより奥へと、挿入を求めていました。

「ああ～っ……もう、もうイキそうよっ！　あっ、あっ、あっ……！」

そして一気にピストンが力強く加速したかと思うと、次の瞬間、

「お、俺も……もう……っ！」

「ああん、イクイク……イッちゃうぅ～～～～っ！」

「…………うっ……！」

ほぼ二人同時に果てていました。

もしまたトイレが詰まったら、絶対に彼にお願いするつもりです。

■激しい息遣いとともに、彼の腰遣いも見る見る速く、深くなっていって……

初対面の夫の新上司に欲求不満の肉体を深々と貫かれて！

投稿者　佐伯奈々（仮名）／36歳／専業主婦

深夜十二時近く。

ピンポーンと玄関のチャイムが鳴ったけど、夫は中に入って来なかった。

「はあっ、ようやくのご帰還ね……てか、鍵持ってるんだから自分で開けて入って来ればいいのに……こっちからダンナ様をお出迎えしろってか？」

そうトゲトゲしく独り言ちながら玄関へ向かい、ドアを開けた私だったけど、そこにいたのは夫だけではなく、私は驚いてしまった。

「すみません。ご主人、一人では歩けないぐらい酔っぱらってしまわれたようで……なんとか住所を聞き出して一緒にお連れしました」

泥酔状態の夫の体を支えながらそう言ったのは、夫よりもだいぶ上の五十歳近くに見えるスーツ姿の男性だった。

「あーっ！　とんだお手数かけて、ほんと申し訳ないです！　ありがとうございます！」

私は慌ててそう言い、夫の靴を脱がすと、彼に室内へ連れて入ってもらった。小太りの夫と違って細身の体型の彼だったけど、意外にも軽々とリビングのソファまで夫を運ぶと、静かにそこへ横たえてくれた。

その間、まったく目を覚ますことなく、だらしなく酔いつぶれている夫……ここ最近ずっと感じている夫への不平不満が、さらに倍増する気分だった。

いや、今そんなこと思ってる場合じゃない。

親切に夫をここまで連れて帰ってくれた、この初対面の男性にちゃんと対応しなくちゃ！　私は改めて彼に向き直ると、こう言った。

「この人、ムダに重いから大変でしたよね？　今お茶入れますから、ソファに座ってちょっとお待ちください……ところで、初めてお会いしますよね？」

すると、思いがけない答えが……！

「あ、これは失礼しました。私、高木といいます。今日からご主人の部署を預からせていただくことになりました」

「え！　まさかあなたが新任の部長さん⁉　夫から、今日、部長さんをはじめ何人かの新規異動社員の歓迎会があるから遅くなるっていうのは聞いてましたけど……こちらこそしょっぱなからご迷惑おかけしちゃってスミマセン！」

大恐縮する私に対して、高木さんはあくまで穏やかでやさしい笑みを絶やさず、私が差し出したお茶を口にしながら言った。

「いやいや、今日ぐらいは無礼講ということで……気にしてませんよ。それどころか実は、ご主人とは今日いろいろ話させてもらって、とっても楽しくて……そして興味深かったんですよ」

「……え？　興味深い……って？」

その言葉が引っかかって思わず私がそう訊ねると、高木さんの笑みが、さっきまでの穏やかなものから、妙に隠微なものに変わって……。

「いや、かなり酩酊した彼が言うには、最近、仕事のプレッシャーのせいかすっかりED状態で、妻を悦ばせてやりたいと思っても、アレが役に立たないんだって」

ということを彼は話しだし、私は驚き、言葉も出なかった。

「でね、私は思ったわけですよ。そりゃ仕事の他にも、奥さんに魅力がないせいなんじゃないかってね……」

私はえも言われぬ恥ずかしさに、顔から火が出るような心地でうつむいてしまったけど、次の高木さんの言葉で、思わずハッとして顔を上げていた。

「……でも違った……なんだ、べらぼうに魅力的な、チョーいい女じゃないか！」

そしてなんと彼は、いきなり私の体をものすごい力で抱きすくめると、激しく唇を吸ってきて……！

「……んぐっ、ふぅ……うぅ、うぐ、んふぅ……！」

私は必死で体をもがかせて抵抗しようとしたのだけど、彼の万力のような締め付けにまったく歯が立たず、舌をからめてジュルジュルと唾液を啜り上げられるうちに頭の芯が痺れたようになってしまい……さらに乳房を、お尻を、太腿をまさぐられ続けて、カラダの奥底から狂おしいまでの悲鳴をあげていた。

ああ、荒々しいまでのこのオトコの力強さ！

アタシ、これが欲しかった……これをずっと待っていたのよ……！

そう、さっき高木さんの話にもあったように、いろいろ抱えている夫への不平不満の中でもっとも大きいのが、セックスレスだったから。

私は、久方ぶりに味わう力強い愛撫の快感に全身をとろけさせながら、すっかり全身が脱力してしまうのを感じていた。

私のその様子から、もう抵抗する意思がないのを感じとったのか、高木さんは腕力による全身の縛めを解き、代わりに私の服を一枚、一枚と脱がせていった。そして私を全裸に剝くと、続いて自分もスーツを脱いで裸になって。

その肉体は年齢のわりに驚くほど無駄なく引き締まっていて、私は思わず横でだらしなく寝そべる、みっともない夫と見比べてしまった。

そして、その股間で隆々とそそり立つ、見事なまでの男根の雄姿といったら！

「ほんと、もったいないなぁ……こんないい女、抱いてやれないなんて……いや、部下の至らなさは上司である私の責任です。私がご主人の分まで何倍も奥さんを悦ばせて差し上げますよ！」

高木さんはそう高らかに宣言するように言うと、私の裸の乳房にむしゃぶりつき、乳肉を鷲摑んで揉みしだきつつ、乳首を吸いしゃぶりながら、もう濡れ始めている股間を指で愛撫してきた。

ピンと大きく膨らんだクリ豆をヌチュヌチュ、コリコリとこねくり回され、乱れた肉ひだをグチュグチュと搔き回され、その奥までズブズブと抜き差しされて……。

「んあっ！　はあっ！　……ああん、あ、あはぁっ……あうぅ……」

これが欲しかったんだろ？　といわんばかりに、待望の快感が次々と私の性感を揺さぶり、カラダの芯まで昂らせていく。

私はもう、雄々しい彼の男根をしゃぶりたくて仕方なくなってた。

体を入れ替えて彼をソファに座らせると、その両脚の間にひざまずいて一心不乱にフェラを始める。手で玉袋を揉み転がしながら、大きく張り詰めた亀頭をデカい飴玉をしゃぶるかのように舐め回し、熱く固い肉竿にからみつくように舌を這わせて。

「ああ、奥さんのその美味しそうにしゃぶる表情、ほんとにこのときを待ってたんだなあっていう恍惚感に溢れてて、ほんとエロいですよ……ああ、私のほうもいよいよたまらなくなってきた……」

高木さんはそう言うとすっくと立ち上がり、再び私の体をソファに横たえると上から覆いかぶさってきました。そして同時に男根で深々と女陰を突き貫いてきて！

「んあぁ、ああ！　あはぁっ……いい！　固くてサイコー！」

「ううっ……奥さんの中も、何千匹ものミミズみたいにヌルヌルとからみついてきて、サイコーにいいキモチだぁ！　はっ、はっ、はっ……！」

激しい息遣いとともに、彼の腰遣いも見る見る速く、深くなっていって……！

「んくぅ……奥さん、くぅっ……も、もう出そうだ……っ！」

「んあっ、あっ、私もイクわっ……あぁん、あ、あぅ……お、お願い、外に……外に出してっ……！」

「……了解っ！　うっ、う、うぐぅ……！」

ひときわ大きな呻き声とともに男根を引き抜くと、高木さんはドピュドピュと私のおへその周囲に大量の精液を放ち、まき散らした。

「あ、あぁぁ〜〜〜〜〜〜〜〜〜〜っ！」

そして私は、もうかれこれ三ヶ月ぶりに味わう、最高のオーガズムに呑み込まれていって………。

ときはすでにもう夜中の二時すぎ。

結局、泥酔状態の夫が一度も目を覚まさないまま、高木さんはタクシーで帰るからと、こう言い残して去っていった。

「これから新上司として、ご主人になるべくストレスやプレッシャーを与えないよう努めるつもりですが、それでもまだ夫婦間の状況が改善されないようであれば……いつでも言ってください。私はいつでも奥さんを満足させるためにやって来ますよ」

夫はいい上司に恵まれて幸せだなあ。

あ、私もか！

■彼はこぼれ出た私の乳肉を鷲掴みながらムニュムニュ揉みしだいてきて……

園児の父親はまさかの元カレ！保育園で秘密の再会エッチ

投稿者　内村千夏（仮名）／25歳／保育士

それは、まさかの再会でした。

その日の朝、私が保育士として勤める保育園に、「ふだん子供を園まで送り迎えしている妻が急遽入院することになり、これからしばらくは父親の僕がその代わりをします」と言って息子の晋太郎くんを伴ってやってきたのは、なんと私の別れた元カレの淳也（二十八歳）だったんです。

彼はごくごくありふれた名字だったので、これまで晋太郎くんと接していてもその存在を連想すらしませんでしたが、四年ぶりに顔を合わせた淳也は少し太ったようでしたが、相変わらずイケメンの彼自身でした。

「え、まさか千夏がここの先生だったなんて……」

「それはこっちのセリフよ。まさか晋太郎くんの父親が淳也だったなんてね」

多少のバツの悪さを感じながら、お互いにそう言い合う私たち。

私が大学に通っていた頃、すでに社会人だった彼と合コンで知り合い付き合うようになり……一時期はお互いに結婚を意識し合うぐらい、いい関係の頃もあったのですが……実は、彼が私と別の女とを二股かけていたことが知れ、ぶちキレた私が別れを突きつけたという経緯がありました。まあ正直、私としては、イケメンでエッチ上手な淳也にまだまだ未練があったのですが、そこは女の意地！　彼を許して元サヤなんていうわけにはいかなかったんです。

でも、彼と別れてからの四年の月日は、そんな私の怒りの熱を冷ますには十分すぎるくらいの時間でした。

私は、再燃してしまった淳也への想いを必死に押し隠しながら、日々晋太郎くんの送迎で園にやってくるスーツ姿の彼と、一言二言と言葉を交わすのを密かに楽しみにするようになっていったんです。

そんなある日のことでした。

夕方遅くになり、お迎えの時間をとうに過ぎても、淳也は晋太郎くんを迎えに現れませんでした。何度携帯にかけても連絡がとれず、とうとう夜になり他の園児たちは皆下園し、残るは晋太郎くん一人だけ。そのうち園の職員のほうも次々と帰り、こちらも私一人になってしまいました。そしてそのうち、待ちくたびれた晋太郎くんはスヤスヤと寝入ってしまい……。

ちょっとー、何やってんのよ、淳也ー……？

いい加減、私がガマンの限界に達した、そのときでした。

「遅くなっちゃってすみませーん！　途中で電車は止まっちゃうわ、携帯は電池切れしちゃうわで……」

と、息せき切って淳也が園に走り込んできたんです。でも、

「……って、なんだ、千夏一人だけか。悪ぃ悪ぃ！」

と拍子抜けしたように謝罪も適当になって。

「悪ぃ悪ぃじゃないわよ！　このこと、私が園長に訴えれば、園の規定違反で通園をやめさせることだってできるのよ!?　それでもいいの？」

私がキレ気味にそう言うと、

「わーっ！　それだけはご勘弁を！　うちのヤツが退院するのに、まだ十日ぐらいかかりそうなんだ。その間、晋太郎を預かってもらえなくなったら、俺、仕事に行けなくてクビになっちゃうよー……」

淳也は今にも泣きそうな声でそう言いながら、私に近づいてきました。そして私のすぐ真正面に立つと、じっとこっちの顔を見つめてきたんです。

「……え、なになに？　ど、どうしたの、淳也？」

私はその張り詰めたような空気に耐え切れなくなり、動揺しながら言いました。すると淳也は、

「俺のこと、嫌いになったわけじゃないだろ？　だったら、お詫びに昔みたいにたっぷり可愛がってやるから、今日のことは見逃してくれよ……な？」

と言いながら、私を抱きしめてキスしてきたんです。

「ちょ……だめよ、こんなところでっ……ん、んぐっ……！」

さすがに保育園でそれはマズイっしょと、抗おうとした私でしたが、問答無用で舌を突っ込んで吸い上げてくる、強烈かつテクニカルなその口唇愛戯の魔力に、あっという間にカラダがとろけ、意識が飛びそうになってしまいました。

ああ、久しぶりに味わう淳也のベロテク……たまんな〜い……！

立場上、これまで必死に抑えつけてきた、再燃した淳也への想いがとうとう炸裂してしまった瞬間でした。

「ああん、今でも愛してるわ、淳也ぁ〜〜〜っ！」

私はそう喘ぐように言いながら、自分からも彼の舌を吸い啜っていました。そうしながらズボンの上から股間を触ると、もうそこはカチコチに固く大きく突っ張ってい

ました。「ああん、淳也の、もうこんなになってる〜〜〜！」

彼のほうも私のカラダをまさぐり回し、園の制服であるポロシャツの下から手を突っ込むと、いとも簡単にブラジャーをずらし上げ、こぼれ出た乳肉を鷲掴みながら揉みしだいてきました。

「ああ〜、この豊かな揉み心地……やっぱ千夏のオッパイ、サイコーだわ！　ほんと、うちのヤツの貧乳と交換したいくらいだ」

「ちょっと、私ってオッパイだけの女なの⁉」

私がふくれっ面でそう言うと、

「ウソウソ、こっちもサイコーだよ〜〜〜」

と言いながら、淳也は私のジャージズボンをパンティごと膝まで引きずり下ろすと、丸出しになったアソコに直接指を沈めてきました。グチャグチャ、ヌチャヌチャと掻き回されながら、私のソコは次々と淫らな蜜を垂れ流していきます。

「あん、私も淳也の舐めた〜い！」

私もそう言いながら彼のズボンと下着を脱がせ、かつてさんざん楽しませてもらった愛しいイチモツとも、四年ぶりの再会を果たしました。

そして万感の想いを込めてしゃぶり倒して……！

「くううっ……すげえ！　やっぱ、千夏のフェラもサイコ～～～ッ！」

一瞬、横でスヤスヤと眠っている晋太郎くんのいたいけな寝顔を見て、良心の呵責を感じましたが、一気に募り来るケダモノじみた欲望にそんなものは見事に吹っ飛び、私は自ら淳也のイチモツを摑んで己のアソコへ引っ張り導いていました。

「入れて入れて！　突いて突いて！　あ～ん、淳也～～～ッ！」

「うお～っ！　やっぱ千夏のオマ○コもサイコ～～～ッ！」

ほ～んと、こいつったら調子いいんだから！

と苦笑しながらも、四年ぶりの淳也とのセックスに、私はもう大満足！

これからもたまには会ってエッチしてくれるよう約束させて、その日の規定違反については見逃してあげることにしたのでした。

あと、もちろん気づかれてはいないと思うけど、せめてもの罪滅ぼしに、これからは晋太郎くんのこと、よりいっそう可愛がってあげなくちゃね。

■彼女は恐ろしいほどテクニカルなフェラで俺のチ○ポを責め立ててきて……

行きずりのイケてる彼女に逆レイプで犯されまくった俺

投稿者 榊圭介（仮名）／31歳／会社員

俺が体験した、ウソのようなホントの話、聞いてもらっていいっすか？

その日の前の晩、俺、嫁と大ゲンカしちゃったんですよね。原因はマジつまんない理由だったんですけど、とにかく嫁ときたらもう大激怒しちゃって……「今日は友だちん家に泊まるから！」とか言い残して、プイと出て行っちゃったんです。

まあ、これまでも何度か同じようなことがあって、そのたびに嫁も二日くらいで帰ってきたんで、それほど心配はしてませんでした。

で、問題の翌日です。

俺、仕事が終わってもなんとなくまっすぐ家に帰りたくなくって、馴染みのＢＡＲで一杯飲んでいこうと。カウンターのいつもの隅っこの席に座って、マスターと世間話ししながら、それなりに楽しくグラスを傾けてたんです。

すると、一人のなかなかイケてるお姉ちゃんが声をかけてきたんです。

「あの、一緒に飲んでもいいですか？」

俺としてはそりゃもちろん、いいに決まってます。「どうぞ、どうぞ」って言って隣りに座ってもらうと、乾杯して二人で飲み始めました。マスターも気を利かしてか、俺たちのとこからススって離れていって。

話してみると、彼女は俺より三つ下の、この近所の会社に勤めるＯＬだっていいます。普段あまり一人で飲むようなことはないんだけど、今日はちょっとムシャクシャすることがあって、突発的にこの店のドアをくぐったんだと。

「へー、じゃあ俺といっしょだ。実は俺も、昨日ちょっと嫁とケンカしちゃって……その鬱憤晴らしに、飲みに来てるってわけ」

彼女が三つも年下だっていうことを知った俺は自然とタメ口になり、かつ結婚してるっていう事実を正直に、さりげなく伝えてました。まあ、左手の薬指のリングを見ればイヤでもわかったとは思うけど。このイケてる彼女に対して多少の下心を持ちながらも、だますようなことはしたくなかったんで。

「そうなんですね？　じゃあ私たち、似た者同士ですね。一目見たときから、なんだかあなたのこと、気になって仕方なかったのは、そういうわけかな……」

と言う彼女の目は艶っぽい光できらめき、口調も思わせぶりで……俺、かなりドキッとしちゃいました。それから二人で何度も酒をお代わりしてるうちに、どんどんいい感じの雰囲気になっていって……。

と、いきなり彼女が思いがけないことを言いだしたんです。

「ねえ……このあと、あなたの家で飲み直すっていうのは、どうかな？」

「え、ええっ？　だ、だって俺、結婚して……」

「でも、今日は奥さんいないんでしょ？　じゃあ、いいじゃん？」

そう言う彼女の艶っぽい目ヂカラはますます俺をとらえて離さなくなり、しかもその豊満なボディをグイグイと俺に押しつけてきて……もう、降参でした。

「あ、ああ……いいよ。狭くて散らかったマンションだけど」

と言いながら、今日初めて会った見ず知らずの女を、自宅に連れていくことのリスクを考えないではなかったけど、ぶっちゃけそんな理性みたいなものより、男の悲しい本能のほうが勝っちゃったわけで。

それから店を出てタクシーを拾い、俺は彼女を連れて電車だと三駅分離れた場所にある、自宅マンションへと向かいました。たしかもう夜の十時を回ってたと思います。

で、到着したあと、冷蔵庫にストックしてあった缶ビールで、彼女と飲み直しを始めた俺……さて、ここまできたら、どういうタイミングでヤッちゃおうかなと、すでに股間を固くしながら目論んでたんですけど、そのあとなぜか記憶を失くしちゃって……気がつくと、とんでもない状況になってたんです！

そこはさっきまで彼女と飲んでたダイニングじゃなく、俺と嫁の夫婦の寝室で……俺はなんとすっ裸でベッドの上にいて、しかも両手足を広げ大の字の格好で四隅に縛りつけられ、身動きできない状態だったんです！

「えっ、ええっ⁉　こ、これ、いったいどーゆーこと⁉」

同じくすっ裸の格好でベッドの前に立ち、俺を見下ろしてる彼女に向かって焦りまくりながらそう訊くと、彼女はこう言ったんです。

「うふふ……さっきあなたがトイレに立ってる間に、ビールグラスの中に一服盛っちゃった。てへ」

『てへ』じゃねーよ！　ふざけたマネしてんじゃねーぞ！

内心では恐怖と怒りの叫びをあげてる俺だったけど、実際にはそんな威勢のいいこと言えるわけもなく……ただ黙って彼女の言葉の続きを待つだけの体たらくでした。

「私ね、こういうふうに無抵抗の男を逆レイプすることで、サイコーに感じちゃうドS女なの。いつもムラムラしてしょうがなくなると、今日みたいに酒場で相手を物色してるわけなんだけど……ウフッ、今日の獲物はあなたに決まりッ！」

な、なるほど、そういうわけか～！

そうとも知らず俺はなんでもかんでもペラペラしゃべって、どれだけ彼女の獲物に相応しい条件を満たしてるか、教えちゃってたわけだ……あ～あ、ほんとバカな男の下心って愚かですよね。

よし……こうなったら、コイツの思惑をぶっつぶすためにも、絶対に勃起しねーぞ！

最後の意地で、そんなアホみたいな意志を固めた俺だったけど、もちろん、笑っちゃうくらいムダな抵抗でした。

彼女はとうとうベッドに上がってくると、その豊かな美乳をタプタプと揺らしながら俺のチ○ポにしゃぶりつき、激しく、そして恐ろしいほどテクニカルなフェラで責め立ててきました。しかも、折々に自分の唾液と俺の先走り汁とで濡れたソレを、美乳の谷間に挟んでヌルヌル、ヌチョヌチョとズリ責めしてくるものだから、その気持ちよさたるや、もーたまりません！

俺の意志とは裏腹にチ○ポはギンギンに勃起しまくり、早くオマ○コに突っ込みたいとばかりに、パツパツに膨張した亀頭をピクピクと震わせてます。

「あ～ん、ステキ！　やっぱり私の目に狂いはなかったわね。私のＳ責めに応えて、バッチリ九十度の角度で天を突く勃起ペニス……これぞ騎乗位で逆レイプされるに相応しい逸物だわ！」

彼女は口の周りを淫らな液体で照り輝かせながら、狂気じみたような笑顔でそう言うと、俺の上にまたがり、勃起チ○ポの根元をしっかり握り支えながら、ソレに向かって腰を下ろしていって……ヌプヌプッという熱い没入感とともに、俺は咥え込まれてしまいました。

「あ〜ん、奥までズンズンくる〜〜っ！　サイコーよ〜、あなたのチ○ポ〜〜〜ッ！」

彼女は狂ったように俺の上で腰を振り、強烈にチ○ポを締めあげてきました。そしてたまらず俺は三回、搾り出されてしまい……その間に彼女も四、五回はイッたんじゃないでしょうか。

「どうもありがとうね。あなた、サイコーだったわよ」

事後、彼女はそそくさと服を着ると、あとで自分で手足を自由にできるように、俺の右手の縛めだけをほどいてくれて、去っていきました。

もちろん、嫁には死んでも言えない、俺のエロ忘れられない体験です。

■私たち三人、異なる愛のベクトルを持つ者同士が深くつながり合って……

ホモカップルVS腐女子の私！異種3Pエッチの衝撃快感

投稿者 沙月ありさ（仮名）／28歳／OL

あたし、機械部品製造会社で事務職に就く、ごく普通のOLなんだけど、同僚とかにはナイショで、ある秘密の趣味があって……それが俗にいう『腐女子』っていうやつ。え、知らない？　男と男の恋愛が大好物な女子のことをそう呼ぶんだけど、それは、そのものズバリのBL（ボーイズラブ）コミックや小説を好んで読むこと以外にも、一般の映画やマンガの中に出てくる男性キャラクターたちを勝手にカップリングして、彼らの恋愛エロドラマをオリジナルで二次創作する行為に励む連中のことを指してもいうわけ。

まあ、文才も画才もない私は二次創作などできない前者で、もっぱら人様が描いた男同士のホモドラマを楽しむ派なんだけど、一方で、作りごとではなく、もっとリアル&アクティブにその世界に触れたいっていう願望が、ずっとあったの。

それはもっとはっきりいうと、実物の男同士のセックスを目の前で見て、そしてできればその中に自分も混ざっていっしょに愛し合いたいっていうこと。

そんなことを、同好の士であるチャット仲間のハンドルネーム・もえぴんに話すと、

「あたしの知り合いにガチの男同士カップルがいるから、話を通してあげようか？　けっこうアグレッシブな子たちだから案外ノッて、アナタの望む『異種3Pエッチ』が実現できるかもよ？」

ってことになって、ダメ元で話してもらうと、なんとオッケーの返事が！

『基本的に女性は僕らの恋愛対象じゃないけど、いっしょに愛し合うことで何らかの新しい世界が開けるかもしれないから』

だって。自分から振っといて言うのもなんだけど、チャレンジャーよね？

というわけでお互いのスケジュールをフィックスし、それから二週間後、郊外のホテルで、晴れて彼らと私の三人で顔合わせすることができたの。

会ってみてビックリしたのは、筋肉質でゴツめの亮平くん（二十六歳）も、細身で美形の亜紀くん（二十五歳）も、両方かっこよくて女の子にもモテそうな二人だったこと。あ～あ、こんなイイ男同士がくっついちゃったりしたら、世のカレシの欲しい女の子たちがあぶれちゃうわけよね～、皮肉な話。

まあ、腐女子である私としてはもちろん大歓迎！

ブサイクな男同士のセックスなんて見たくないし、混ざりたくもないもの。

「じゃあ、今日はよろしくお願いします。ありささん、想像してたよりずっと美人なんで意外だったけど……なんか嬉しいです」

亮平くんも亜紀くんもそう言ってくれて、その辺は男も女も同じなのね～って、内心ちょっと笑っちゃったわ。

そしていよいよ三人で始める前、ホモHの基本はアナルセックスということで、行為の最中に汚物が洩れるようなことがないよう、受けである亜紀くんは浣腸をしてお腹の中をスッキリきれいにした上で、皆、全裸になってベッドに上がった。

まずは私のリクエストで、二人に男同士のキスから始めてもらったんだけど、そこに男女ではないゆえの違和感なんてこれっぽっちもなく、とろけるような表情で舌をからませ合い、お互いの唾液をむさぼるように啜り合う姿からは、情熱的かつロマンチックなオーラがほとばしっていて……私はウットリとそれに見入っているうちに、気分が昂り、カラダの奥のほうが熱く火照ってきちゃった。

だめだ、もうじっとしてられない……。

私が焦れるカラダをもてあまして彼らのほうに近づいていくと、二人はやさしい笑顔で迎え入れてくれて……それぞれが私の左右のオッパイの乳首を吸い始めた。

「……んっ、んううう………」

私はその甘い痺れに陶然としながら、彼らの股間に手を伸ばすと、それぞれのペニスに触れ、撫で回し……少し大きくなってきたところを握り込んで、ゆっくりとしごき上げていく。すると、最初はいつもと違って女の柔らかい手の感触に違和感を覚えた様子の彼らだったけど、次第にそれを受け入れ、恍惚とした表情を浮かべるようになってきて。

「あの……私、舐めてもいい？」

それから亮平くんに向かってそう訊くと、彼はうなずいてくれて、私は彼にフェラを始める。それなりの男性遍歴のある私はテクニックにそれなりの自信があったけど、亮平くんの反応は今一だった。

「うふふ、男には男にしかわからないツボがあるんですよ」

小悪魔的な笑みを浮かべながらそう言うと、亜紀くんが私をどかして亮平くんの股間に顔を埋めてフェラを始めて……すると、その効果はてきめんだった。見る見る亮平くんのペニスは固く大きくみなぎっていき、小ぶりな亜紀くんの口に余るものになってしまう。なんだか悔しかった私は、亜紀くんにしゃぶられながら息を荒くしている亮平くんの顔の前に立ちはだかり、自分の股間を彼の口に押しつけると、これ見よがしに舐めることを要求したわ。

するとお亮平くんは抗うこともなく、私のワレメに舌を差し込んでピチャピチャと舐め始めて……。

「んあぁぁ……あ、ああう……」

男にペニスをしゃぶられている男に自分のアソコを舐められるなんて、もちろん生まれて初めての経験で、私はその歪んだエロチシズムに妙に興奮しちゃった。

そうやって三人、くんずほぐれつして淫靡なプレイに耽っているうちに、いよいよ皆の昂りも頂点に達してきたみたい。

私たちはなんと三人で結合し合った。

ベッドに横たわった私に、正常位で亜紀くんが挿入してきた。

彼は、体形は細身なくせにペニスはけっこう立派で、その予想外に激しくインパクトのあるピストンに、しばし私は普通にヨがり悶えていたのだけど……亜紀くんの背後から、ヌッと亮平くんの迫力あるガタイが現れたかと思うと、一瞬の衝撃とともに、亜紀くんの表情が恍惚のような苦痛のような、えも言われぬものに変わって……。

亮平くんがバックから、亜紀くんのかわいいアナルに極太のペニスを突き入れたんだとわかった。

す、すごい……私たち三人、異なる愛のベクトルを持つ者同士が、一方はノーマルな異性愛の形で、一方はそうじゃない同性愛の形でつながり合ってる……！

「あ、ああ……はぁはぁはぁ……亜紀、亜紀～～っ！」

「ああん、あ、あっ……亮平、亮平、亮平～～～っ！」

愛し合う二人の男同士が、アナル結合の快感で悶え喘ぐ嬌声を聞きながら、その振動を感じつつヴァギナ結合の快感を享受する、異性愛者の私……。

ああん、何これ!?　すごすぎる～～～っ！

私は、通常のセックスでは決して得ることのできない性の愉悦を存分に味わい、彼らもどうやらそれは同じのようだった。亮平くんにアナルを突かれながら、私の中に精を放った亜紀くんの、この世のものとは思えない恍惚感溢れる顔ときたら……。

「ああっ……イク～～～～～ッ！」

私はこれまで感じたことのないほどディープなオーガズムに没入し、またひとつ『腐女子』としてのステージが上がったみたい。

これ、自慢になるのかなあ？

■私は支え立たせた彼のペニスをアソコで咥え込もうと、腰を沈めていって……

夫の遺影とお骨を目の前によその男を誘惑し咥え込んだ私

投稿者 芦沢美由紀（仮名）／36歳／無職

その頃、ほんの二週間前に最愛の夫を交通事故で亡くした私は、悲しみと失意のあまりパートの勤めに出る気も起きず、日がな一日自宅マンションの部屋に閉じこもって泣き暮らしていました……というのは、真っ赤なウソ。

無類の女好きで浮気しまくり、かつ実際の暴力は振るわないまでも、ことあるごとに私のことをブス・できそこない女呼ばわりしてモラハラの限りを尽くす夫のことを、私はもう長年、殺したいほど憎んできて……せめて死んだときくらい、何か私の役に立って喜ばしてよとばかりに、大口の生命保険をかけていたところ、まんまと事故死してくれて。しかも、百パー事故相手が悪いということで、保険金と合わせて多額の慰謝料まで転がり込んできた日には、もう笑いが止まらないというものです。

最低限向こう十年は遊んで暮らせるだけのお金を手にし、生活のためにあくせく働く必要のなくなった私はパートに行く気もさらさら失せて……なかなか高級で美味な食事をデリバリー三昧しながら、日々だらだらテレビを観て、スマホをいじり、寝て過ごしていたというのが実際のところでした。

でもやっぱり、そういうのも長く続くと、いい加減飽きますよね？

さて、そろそろ暇つぶしにパートにでも行くかあ、仲のいい同僚とくだらないおしゃべりもしたくなってきたし……と、重い腰を上げかけた、ある日のことでした。

見知らぬある一人の若い男性が、亡くなった夫にお線香をあげさせてほしいと言って、アポなしで突然訪ねてきたんです。

今は違う職場にいるが、以前夫の下で働いていて大変お世話になった、訃報はつい最近聞き、お悔やみが遅くなって申し訳ないと言って。

そう彼が話したことが果たして本当かどうか、私としては確認のしようもなく、常識で考えれば、何かと物騒な昨今、門前払いしたほうがよさそうなものでしたが、結局私は彼を家に上げてしまいました。

なぜって？

だって、ものすごくいい男だったんだもの！

有名人にたとえると、昔変なキノコでラリッて世間のお叱りを受けた、俳優の伊藤○明に似たかんじのイケメンで、ガタイも同じようにたくましくて……玄関モニターの映像で、ある意味一目惚れした私は、ついついドアを開けていたんです。

「ご主人のこと、このたびは本当にご愁傷様でした」

仏壇はないので、リビングの隅にあるカラーボックスの上に置かれた夫の遺影と、白布で包んだ骨壺に向かって焼香し終えた彼が、振り返ってそう言いました。

「はい、ご丁寧に……恐れ入ります」

私はそう応えながら、熱いコーヒーの注がれたカップを差し出しました。

喪服ではないものの、ＴＰＯを考えてのことだろう、グレー系の地味なスーツに身を包んだ彼は、正面から改めて見ると、ますます素敵でした。

私ってば、そんな彼を見ながら、密かに催してきちゃったりして……。

実をいうと、亡くなった夫はサイテー男ではあったものの、根が無類のスケベということで、なんだかんだ言いつつ、私に対してセックスレスであったことは一度もなく……さんざん罵詈雑言を浴びせながらも、ヤルことはしっかりとヤッてくれて……私のほうもそんな夫との性生活に、心のほうはさておき、肉体的には完全に溺れまくっていました。だから、夫が亡くなる前から合わせると、もう三週間余りもセックスしていないカラダは、お恥ずかしい話、欲求不満に疼き始めていたんです。

ああ、この人、このたくましいガタイで、一体どんなセックスするんだろう？

そんな想像が頭の中を巡り始めると、もう止まりません。

次から次へとあられもなく淫らな妄想が溢れてきて、もうじっとしていられなくなった私は、ダメ元である行動に走っていたんです。

ホットコーヒーを飲み終えた彼に向かい、「冷たいお水でも召し上がりますか？」と訊ねながら、その答えを待つことなくキッチンに立った私は、冷えたミネラルウォーターをグラスに注いで戻ってきて……「あっ！」という声をあげながら、いかにもつま先が引っかかったようなふりを装いつつ、彼のズボンの股間部分に狙いすましてグラスの中の水をぶちまけていました。

「うわっ、冷てぇっ！」

「きゃっ、ご、ごめんなさい……！」

瞬時に出た、彼のよそ行きではない言葉にかぶせるように詫びながら、私はあらかじめキッチンから持ってきたタオルを手に、カーペット敷きの床にあぐらをかいた彼の股間部分をゴシゴシと拭きだしました。

「あ……い、いいです、大丈夫です！　奥さん、そんなことしなくても……ほっとけばすぐに乾きますから……っ！」

彼は焦って私にやめさせようとしますが、そう簡単に引き下がるわけがありません。

びしょ濡れのズボンの上から触った瞬間に、そこにあるモノが平常時ですでに、かなりのデカブツであることを見て取った私は、余計に股間を拭く手に力を入れていきました。すると程なく、着実にソコは固く大きくみなぎっていって……。

「だ、だめですってば、奥さん……もう、やめて………」

次第に弱々しくなっていく彼の抵抗の言葉を聞きながら、私は潤んだ瞳でその顔をじっとりと見据えました。そしてタオルを手放すと、その手でズボンのチャックを引き下ろし、パンツの奥からいかにも窮屈そうにしている勃起デカチンを引っ張り出してゆっくりとしごきつつ、彼の唇にむさぼるようにキスしていました。

「……んっ、んん……んふぅ……お、奥さんっ……だ、だめで……す……」

私に唇をふさがれ、舌を吸われ、息も切れ切れにそう言って抗う彼でしたが、それとは裏腹にますますペニスはいきり立っていって……はっきり言って、これは『脈アリ』どころか、『準備万端、いつでも来い！』ってことでしょう？

そう百二十パーセント確信した私は、ダラダラの唾液の糸を引きながら彼の口から唇を離すと、下半身のほうに屈み込み、ビッグなペニスを頭からズッポリと咥え込んでいました。そして、ジュッポ、ジュップ、ズププ……と、盛大に淫音を放ちながら、上下に激しくしゃぶり上げ、啜り込んで……。

「あ、ああっ……お、奥さんっ！　んあっ、あ、くぅ……」

いつしか彼の声から抵抗の意思は消え去り、ひたすら私が与える快感に喘ぎ悶えるだけ……これはもう完全に彼の同意を得て、征服してやったも同然だろう……ますます自信を深めた私は、手早くスーツを脱がせ、下着も剝ぎ取って全裸にしてしまうと、自分も脱衣して裸体をさらけ出し、彼の顔を見下ろしながらその体をまたぎ、支え立たせたペニスをアソコで咥え込もうと、腰を沈めていきました。

ところがそこで、思いがけないことが起きたんです。

「うらぁ〜〜〜〜〜〜〜〜〜〜〜〜〜〜っ！」

と、いきなり大声を張り上げながら彼が身を起こし、私のことを自分の上から振り落としてきたんです。そして、「ええっ！　な、なにっ……!?」そう言って驚き慌てふためく私にお構いなく軽々と体を持ち上げると、四つん這いにさせて背後からガッシリと尻肉を摑んできました。

「まったく、おとなしくしてりゃあ調子に乗りやがって！　マジ、聞いてたとおりの淫乱スベタだな、おい！　普通、死んで間もないダンナの遺影と遺骨の前で、よその男、咥え込むかぁ!?」

にわかには何が起こっているのか、私にはわかりませんでした。

あんなにいい感じで悦んでたのに……なんでこの人、いきなり豹変してるの⁉
そんなふうに頭の中がグルグルしてる私でしたが、その混乱をまるで木っ端みじん
に粉砕するかのように、極太の衝撃が私のカラダを貫いてきました。
「あっ！　あ、あひぃぃぃ～～～～～～～～っ！」
もちろん、彼がバックからガチガチに固いデカブツを突っ込んできたのです。
夫の一・五倍はあろうかという、その痛みすら覚えるド迫力にガツン、ガツンと責
め立てられながら、でもじきにそれは、今まで味わったことのないような快感を私に
もたらしてきました。
ズンズン、ズブズブ、ヌプヌプ、ジュブジュブ、ズコズコ……彼はしっかりと摑ん
だ私の尻肉を引き寄せ、押しやりながら、どんどんデカブツを抜き差しするスピード
を上げ、深度を深めていって……子宮が壊れんばかりのもの凄さで奥までブチ当てて
きました。
「んあっ、はぁ、ああっ……くはっ、あう……んひぃ～～～っ！」
いよいよ私の胎内に絶頂のクライマックスが押し寄せてきました。
「はっ、はっ、はっ、はぁっ……う、うぐっ、うう……！」
彼の息づかいもかなり切羽詰まってきて……、

「うお～～っ！　さあ、お待ちかねの濃ゆ～い一発、淫乱マ○コの奥の奥までブチ込んでやるぞっ！　……うぅっ……んぐっ！」

「あ、あぁっ……イクイクイク……あぁあ～～～～～～～～っ！」

胎内奥深くで彼のもの凄い放出を受け止めながら、私も人生最大最高といっていいほどのオーガズムを味わっていました。

そして息も絶え絶えに横たわる私を冷たい目で見下ろしつつ服を身に着けながら、彼は思いも寄らないことを言ったのでした。

「やっぱり生前にご主人が言ってたとおり、あんた、サイテー最悪の淫乱オンナだったよ。にわかには信じられなくて、自分の目で確かめに来たんだけど……とりあえず今の様子は全部、そこに置いたスマホで動画を押さえさせてもらったよ。これをおっぴらにされたくなかったら、当面、俺のための肉便器になるんだな」

「そ、そんなあ……」

と、口ではさも困ったように言いながら、内心、その肉便器生活を想像して胸高鳴らせ、アソコを疼かせる自分がいたのでした。

■恐怖の中でも私の性感は敏感に反応し、恥ずかしげもなく甘ったるい呻き声が……

桜の花よりも快感の火花のとりことなった悦楽レイプ体験

投稿者 佐久間ミキ（仮名）／21歳／大学生

ついこの間の土曜の夜、大学の近所の公園でお花見したときの話です。

そこはけっこうたくさんの桜の花が咲いていて、とてもきれいなのにも拘わらず、交通の便がとても悪く、ほとんど花見客が来ないというチョー穴場スポットでした。

ゼミの仲間を中心に男女合わせて十人ぐらいの学生が集まり、ビール等のお酒やら食べ物やらを持ち寄って、午後六時半頃から宴が始まりました。気温も十五℃ぐらいあって暖かく、とても過ごしやすい夜でした。

当然、ほとんどまわりに人家もないので、近所迷惑を考える必要もなく、皆で飲めや歌えや、食らえやの大騒ぎ！　ハイテンションで盛り上がり、あっという間に三時間近くが経っていきました。

そんな中、もういい加減酔っぱらった私でしたが、その夜三度目の尿意を催し、宴の輪から外れると、公園の隅っこにある公衆トイレに向かいました。

そこはわりと最近、改修工事がなされたということで、まあまあ新しくてきれいなトイレでしたが、建物自体を照らす街灯は一つだけで辺りは薄暗く……でも、アルコールが回ってテンションブチ上がり状態の私には恐怖感などほとんどなく、ツカツカ平然と中に入っていきました。

そして二つあるうちの片方の個室トイレに入ると、スッキリと排尿。そこだけは酔ったアタマでもしっかりしていて、備え付けのトイレットペーパーに加えて手持ちのウエットティッシュも使って、汚れたアソコをきれいに拭きました。それから立ち上がりながら膝まで下ろしていたパンティとジーンズを上げ、開錠しドアを開けようとしたのですが、そのとき、思いもしないことが……！

個室のすぐ外に、黒いマスクをつけた大柄な男が待ち構えていて、「ヒッ……！」と驚いて声をあげようとする私の口を大きな手のひらでふさぐと、そのまま突進するように個室内に押し戻してきたんです。

呆然とする私をしり目に男は手早くドアを施錠すると、小声ながらドスをきかせて言いました。

「痛い目を見たくなかったら騒ぐな！　おとなしくしてたらすぐ終わるから！　わかったか？」

瞬時に酔いが醒め、恐怖感に覆われてしまった私は、自分よりも優に三十センチは背の高い相手の恫喝めいた言葉に、もうカクカクとうなずくしかありませんでした。

その私の反応を見て一瞬安心したような様子の男でしたが、念には念を入れてといわんばかりに、自分のポケットから引っ張り出したクシャクシャのハンカチを丸めて、私の口に突っ込んできました。もうこれでまともに声を出すことは不可能です。

そして男はいよいよ、私の着ていたトレーナーを胸上までめくり上げてきました。八十六センチのEカップある私のバストはツンと突き出て、それに引っかかったトレーナーはそう簡単にずり落ちてはきません。続いて男は私の背中に手を回すと、見えないため多少手こずりながらもブラジャーのホックを外して……締め付けから解放された乳房がポロンとこぼれ落ち、タプンと揺れました。

「……うっ……う〜〜ん……」

恥ずかしさのあまり呻く私の様子を、ギラついた目で嬉しそうに見やりながら、男は左右の乳房を捧げ持つように摑むと、ユッサユッサ、ムニュムニュ、ギュムギュムと揉み立て、こね回してきました。そして時折、乳首をキュキュッと摘まみよじり、唇に含んで吸い、長い舌をからめて舐め回してきて……。

「んっ、んふっ……うく、うう、んぐ……くぅぅ〜〜〜……」

恐怖の中でも私の性感は敏感に反応し、恥ずかしげもなく甘ったるい呻き声が洩れ出てしまいました。

「ああ、たまんね……なんてエロいカラダしてやがるんだ……」

男は上ずったような声でそう言うと、私の肩を上からグイッと押さえつけるようにして、閉じた便座の上に座らせました。そして何をするかと思いきや、おもむろに穿いていた黒いジャージズボンを膝辺りまでずり下げると、私の目の前に自分の下半身をさらしてきたんです。

それはビンビンに勃起して反り繰り返り、すでに先端を透明な先走り液で濡らしていました。全長は優に十七～十八センチ、直径も五センチ近くはあろうかという迫力満点の立派なペニスです。もちろん私はもう処女ではなく、これまでに四、五人の相手と性体験がありましたが、こんなにすごい代物を見るのは初めてでした。

男は私の口から唾でグッショリと濡れたハンカチを抜き取ると、大きく張り詰めた亀頭部分を私の口に押しつけてきました。もう私が騒がないだろうという確信のもと、フェラチオを要求してきたのです。当然、私に拒絶という選択肢なんかありません。おとなしくそのズッシリとした性器を手で支え持つと、私は咥え、舐め始めました。

「う……うう、ううん……ああ、いいぜ……そう、裏筋をもっと……あうっ」

男はフェラに気持ちよさげに反応しながら、両手を下に下ろすと私の乳首を摘まみ、さっきよりもきつめにこね回してきました。最初は痛みでジンジンしていたソコでしたが、次第に気持ちよさが勝ってきました。

「んあっ、ああっ……んじゅぶ、にゅぷ、じゅるっ……はぁっ、あっ、んくっ……じゅるじゅる、ちゅばっ……あはっ、あ、ああん……！」

完全に快感に呑まれ始めてしまった私は、自然とフェラにも熱が入ってしまい……口の中でビクビクと震える肉棒の甘苦い風味を味わいながら、ヨガり、しゃぶりあげを激しくしていきました。

すると、

「くうっ！　もうだめだ！　たまらん！」

男は感極まったようにそう口走ると、私を便座から立たせ、下着ごとジーンズを引き下ろしてきました。そしてそのまま反対側を向かせると、個室奥に両手をつかせた状態で、バックからアソコにズブリと挿入してきて……正直、もうソコはヌレヌレだったので、何の苦もなく巨大ペニスを咥え込んでしまいました。

「あっ、ああっ……ひぃっ……！」

胎内をミッチリと満たすペニスの肉感が、背後からズンズン、ズブズブと抜き差しされてくるや、頭の中で未体験の快感の火花が無数に弾け咲きました。

ああ、桜の花より、こっちのエッチな火花のほうが、あたし好きかも……

なんてことを思いながら、私のほうも腰の動きのリズムを合わせて、より深く、より強く挿入の快感を味わおうと、もう無我夢中でした。

そうするうちに、どんどんエクスタシーの上昇気流が渦巻いていって……、

「あ、あうん、はぁっ……あ、あ、あ、あう……イク、イクゥ～～～～～ッ！」

「おうっ……うぐ、う、ううう……！」

男のクライマックスの呻きと、熱い精のほとばしりをカラダで受け止めながら、絶頂に達してしまったのでした。

すると、ちょうどそのタイミングで、隣りのもう一つの個室に誰かが入ってきて
……ギリギリセーフといったところでしょうか？

結局、私を犯した男の正体は今でもわかりませんが、あの信じられない興奮と快感の記憶は、私のカラダにしっかりと刻み込まれて、当分消えそうにないのです。

素人手記
快感一期一会～再びは会えないあの人との忘れられない絶頂エクスタシーを告白します！

２０２３年４月２４日　初版第一刷発行

発行人　後藤明信
発行所　株式会社　竹書房
〒102-0075　東京都千代田区三番町８－１
三番町東急ビル６F
email：info@takeshobo.co.jp
ホームページ：http://www.takeshobo.co.jp
印刷所　中央精版印刷株式会社
デザイン　株式会社　明昌堂
本文組版　ＩＤＲ